Staats- und socialwissenschaftliche Forschungen

herausgegeben

von

Gustav Schmoller.

Zwanzigster Band. Viertes Heft.

(Der ganzen Reihe einundneunzigstes Heft.)

Hans Schreuer, Untersuchungen zur Verfassungsgeschichte der böhmischen Sagenzeit.

Leipzig,
Verlag von Duncker & Humblot.
1902.

Untersuchungen

zur

Verfassungsgeschichte der böhmischen Sagenzeit.

Von

Dr. Hans Schreuer,
Professor an der deutschen Universität Prag.

Leipzig,
Verlag von Duncker & Humblot.
1902.

Ulrich und **Elly Stutz**

in herzlicher Freundschaft

gewidmet.

Vorwort.

Die vorliegende Arbeit ist ohne Absicht, fast unwillkürlich entstanden. Ich bin nicht darauf ausgegangen, der böhmischen Sage juristische Resultate abzupressen. Ich habe vielmehr bei meinen Studien im böhmischen Recht dieser Quelle gegenüber jene Zurückhaltung beobachtet, welche durch die moderne kritische Forschungsweise gegen derartige Quellen von vornherein geboten wird. Nichtsdestoweniger entstand in mir bei wiederholter, zunächst blofs gelegentlicher Beschäftigung die Überzeugung, dafs der Sagenstoff wissenschaftlich verwertbar sei. Dies regte zu einer eingehenden Durcharbeitung an, welche schliefslich die in diesem Buche dargelegten Ergebnisse abgeworfen hat. Läfst sich nämlich der Sageninhalt bei Heranziehung vollwertiger Geschichtsquellen und bei Vergleichung mit germanischen und überhaupt indogermanischen Zuständen halten, so ist das entschieden ein gewichtiges Indiz für dessen historische Wahrheit. In der Tat ergibt nun eine sorgfältige Analyse die Haltbarkeit des sagenhaften Bildes im grofsen ganzen, dessen Glaubwürdigkeit noch durch die Möglichkeit zeitlicher Fixierung bedeutend erhöht wird. *Der Sageninhalt schon an sich im ganzen stofflich glaubwürdig, pafst auch vortrefflich in den Gang der bekannten und wohlbeglaubigten geschichtlichen Ereignisse.*

Dieses Ergebnis schafft aber einen festen *selbständigen Ausgangspunkt für die böhmische Rechtsgeschichte.* Man ist nun nicht mehr darauf angewiesen, die böhmischen Urverhältnisse einfach nach Analogie der neueren südslavischen Zustände zu zeichnen. Man braucht nicht mehr zu einem Verfahren Zuflucht zu nehmen, das nicht zuletzt durch die gefälschten Handschriften veranlafst worden ist und dessen Bedenklichkeit sich in jüngster Zeit in der Frage nach der Hausgemeinschaft in eklatanter Weise gezeigt hat. Man hat vielmehr eine verhältnismäfsig gute, alte, einheimische, also direkte Quelle. Ja, es gewährt eine eigentümliche Befriedigung, zu sehen, dafs gerade die Darstellung des Cosmas in ihrem geschichtlichen und in ihrem sagenhaften Teil in der genannten grofsen Streitfrage dem entspricht, was die Wissenschaft erst in neuester Zeit auch bei den Südslaven als das Altertümliche anzuerkennen beginnt. So kann denn auch Böhmen mit einem nicht kärglichen Material zur Wissenschaft der vergleichenden slavischen Rechtsgeschichte beitragen, was mir um so wichtiger erscheint, als die Schicksale und Entwicklungen der slavischen Völker ungleich viel mehr voneinander differieren, als die der germanischen Stämme.

Die altböhmische Verfassungs- und Rechtsgeschichte hat noch einen weiteren Wert. Sie ist infolge des historischen Zusammenhangs ein wichtiges Mittel zur Erkenntnis indogermanischer Zustände, denen die altböhmischen und überhaupt die altslavischen Verhältnisse, wie vielfach ausgesprochen wurde, meist näher stehen als die der übrigen Westarier, selbst der Germanen, soweit sie bekannt sind. Die altböhmische Sozialgeschichte gibt daher zugleich eine vortreffliche, sehr lehrreiche Parallele ab für die Erkenntnis altgermanischen Lebens[1]. Den Germanisten speziell wird auch die Aufweisung frühzeitiger, nämlich merovingischer und karolingischer Einflüsse in der Rechtsentwicklung Böhmens interessieren.

Auch die vergleichende Rechtswissenschaft, soweit sie von historischen Zusammenhängen absehend sich blofs mit der Vergleichung der Rechtsgebilde an sich beschäftigt, wird in Böhmen eine ausgiebige Bereicherung ihres Materials und ihrer Theorie finden.

Die nachstehenden Ausführungen beabsichtigen nicht, ein erschöpfendes Bild der slavischen Urverfassung in Böhmen zu geben. Ich bringe nur das, was sich mir gerade ohne alles Pressen geboten hat. Man wird diese Zurückhaltung mit Rücksicht auf die Neuheit des Unternehmens wohl billigen. Vielleicht gelingt es Anderen, mehr herauszuarbeiten. Reinen, blofs aus irgend

---

[1] Doch ist hier vernünftige Vorsicht geboten. Als warnendes Beispiel von Übereilung sei nur jener abenteuerliche Aufsatz Palackýs („Auch eine Meinung über die Franken und Waräger“ in den Jahrbüchern des böhmischen Museums, 1830, S. 313 ff., namentlich 319, 322) erwähnt, wonach — offenbar nach slavischem Vorbild — die Franken, identisch mit den Warägern, ein besonderes Volk von unbekannter Abstammung etwa im zweiten Jahrhundert nach Christus von Norden oder Osten her in das Land des alten Cheruskerbundes eingedrungen sein, die dortigen Völker unterworfen und sich mit ihnen vermischt haben sollen. — Ich habe in der vorliegenden Untersuchung solche Parallelen angedeutet und ausgenutzt. Sie weiter zu verfolgen, läge aufserhalb des Rahmens der Arbeit.

einer allgemeinen Sozialwissenschaft geschöpften Hypothesen, wie sie namentlich J. Lippert in seinen höchst anregenden Arbeiten liebt, bin ich aus dem Wege gegangen. Die Lehren der allgemeinen Sozialwissenschaft können für den positiven, kritischen Forscher nicht mehr sein als Anregungen. Die ganze Arbeit läuft sonst auf eine petitio principii hinaus. Solche Lehren sind, wenn richtig, d. h. induktiv gewonnen, für den konkreten neuen Fall nichts anderes als Analogien, und diese sind als solche, wenn sie nicht weiter gestützt werden, als wissenschaftliche Argumente von sehr zweifelhafter Güte[2].

Die Anmerkungen sind etwas überlastet. Gerechte Beurteiler werden nicht übersehen, daſs dies im Interesse eines knappen, glatt lesbaren Textes geschah. Aus technischen Gründen habe ich ferner oft die Ziffern der Anmerkungen zum Zitieren auch dort verwendet, wo der Text gemeint ist.

Gleichfalls im Interesse der Knappheit habe ich es unterlassen, bei jeder Gelegenheit, z. B. der Erwähnung des Mutterrechtes oder dgl., die ganze Frage aufzurollen. Es kam mir nur darauf an, jeweils zur Gesamtfrage Stellung zu nehmen und das, was sich mir eben bot, zur Lösung beizutragen und in die Wagschale zu werfen. Ich glaube, daſs positive Resultate eine weitläufige Auseinandersetzung leicht überflüssig machen. Dagegen habe ich auf sorgfältige Interpretation und Analyse der Quellen besonderes Gewicht gelegt. Es geht meines Erachtens nicht an, die einzelnen Bestandteile der Sage etwa nach ihrem Hauptinhalt herauszudestillieren und sich dann über diese Abstraktionen zu verbreiten. Sint ut sunt! Das, was uns vorliegt, ist die Erzählung des Cosmas, und dieser reale Boden darf nicht verlassen werden. Zuerst heiſst es interpretieren! Das so gewonnene Rohmaterial muſs dann dem Feuer der Kritik unterworfen und aus diesem selben, nur geläuterten Stoff muſs der weitere Bau aufgeführt werden. Ich glaube auch, durch die nachstehenden Ausführungen gezeigt zu haben, daſs dieses Verfahren wirklich lohnend ist. Daſs die erzielten Resultate nicht leicht wiegen, ergibt ein Blick auf die zahlreichen Stützen, durch die sie von auſsen her gehalten werden.

Ich kann diese Zeilen nicht schlieſsen, ohne meinem hochverehrten Lehrer, Herrn Hofrat Professor Karl Ritter von Czyhlarz in Wien meinen wärmsten Dank auszusprechen für die erste Anregung zum Studium des deutschen Rechtes und speziell des Rechtes meines Heimatlandes, die ich einst in dessen romanistischen Vorlesungen und Seminarübungen in Prag empfangen habe.

---

[2] Etwas ganz anderes ist die Analogie bei Interpretation von Rechtssätzen behufs Anwendung.

Ebenso bin ich zu Dank verpflichtet Herrn Professor Alexander Brückner in Berlin für die Einführung in das Studium slavischer Sprachen.

Besonderer Dank gebührt auch der Prager Gesellschaft zur Förderung deutscher Wissenschaft, Kunst und Literatur in Böhmen, die mich bei meiner Arbeit durch eine Subvention unterstützt hat.

Prag, Februar 1902.

H. S.

Inhaltsverzeichnis.

(Die in Klammern beigefügten Ziffern bedeuten die Seitenzahlen.)

Verzeichnis

von abgekürzt zitierten Titeln von Arbeiten, Zeitschriften und Sammelwerken.

Abhandlungen der böhmischen Gesellschaft der Wissenschaften. Prag.

Karl von Amira, Das altnorwegische Vollstreckungsverfahren. München, 1874.

— Erbenfolge und Verwandtschaftsgliederung nach den altniederdeutschen Rechten. München, 1874.

— Grundrifs des germanischen Rechts (Recht). 2. Auflage. 2. Abdruck. Strafsburg 1901. Sonderabdruck des Artikels „Recht“, aus der 2. Auflage von Pauls Grundrifs der germanischen Philologie.

— Nordgermanisches Obligationenrecht. Leipzig, 1882 ff.

Archiv für Kunde österreichischer Geschichtsquellen (von Bd. 34 an Arch. für österreichische Geschichte). Wien.

Archiv für slavische Philologie. Berlin.

Athenaeum. Listy pro literaturu a kritiku vědeckou. Red. T. G. Massaryk. Prag.

Adolf Bachmann, Beiträge zu Böhmens Geschichte und Geschichtsquellen in den Mitt. d. I. f. ö. G.-F. XX (1899).

— Die Erbauung der Prager Burgen. Beilage zur „Bohemia“. Nr. 117. Prag, 1893.

— Geschichte Böhmens. I. Bd. (Geschichte der europäischen Staaten, hrsg. von Heeren, Ukert, v. Giesebrecht und Lamprecht). Gotha, 1899.

Bohuslaw Alois Balbin S. J., Miscellanea historica regni Bohemiae. Prag, 1679 ff.

Oswald Balzer, Historya Ustroju Austryi w zarysie. Lemberg, 1899.

— Rewizya teoryi o pierwotnem osadnictwie w Polsce. Kwartalnik Historyczny XII (1898).

— O zadrudze słowiańskiej. Uwagi i polemika. Kwartalnik Historyczny XIII (1899).

Sitzungsberichte der Kgl. preufsischen Akademie der Wissenschaften zu Berlin. (Berliner S.-B.)

Ernst Bernheim, Lehrbuch der historischen Methode. Leipzig, 1889, 1894.

V. Brandl, Glossarium illustrans bohemico-moravicae historiae fontes. Brünn, 1876.

Otto Bremer, Artikel „Ethnographie der germanischen Stämme“ in Pauls Grundrifs der germanischen Philologie III².

Alexander Brückner, Beiträge zur ältesten Geschichte der Slaven und Litauer. Archiv für slavische Philologie XXI (1898), XXIII (1901).
— O Piaście. Rozprawy der Krakauer Akademie der Wissenschaften, 1898.
Heinrich Brunner, Deutsche Rechtsgeschichte. Leipzig, I, 1887. II, 1892.
— Grundzüge der deutschen Rechtsgeschichte. Leipzig, 1901.
— Der Totenteil in germanischen Rechten. Z.[2] f. R.-G. germ. Abt. Bd. 19 (1898).
— Die uneheliche Vaterschaft in den älteren germanischen Rechten. Z.[2] f. R.-G. germ. Abt. Bd. 17 (1896).
Karl Bücher, Die Entstehung der Volkswirtschaft. 3. Auflage. Tübingen, 1901.
— Die Wirtschaft der Naturvölker. Dresden, 1898.
M. Büdinger, Österreichische Geschichte bis zum Ausgange des XIII. Jahrh. Bd. I. Leipzig, 1858.
Časopis Českého Musea (Č. Č. M.). Prag.
Časopis Matice Moravské. Brünn.
Jaromír Čelakovský, Das Heimfallsrecht auf das frei vererbliche Vermögen in Böhmen. Prag, 1882.
Ceský Časopis Historický (Č. Č. H.). Prag.
Georg Cohn, Gemeinderschaft und Hausgenossenschaft. Z. f. vgl. Rechtswissenschaft Bd. XIII (1898/9).
Felix Dahn, Bausteine. Berlin.
Dalimili Bohemiae Chronicon. Fontes Rerum Bohemicarum Bd. III.
Berthold Delbrück, Das Mutterrecht bei den Indogermanen. Preufsische Jahrbücher Bd. 79.
Berthold Delbrück, Die indogermanischen Verwandtschaftsnamen. Abhandlungen der kgl. sächsischen Gesellschaft der Wissenschaften XI (1890).
Gelasius Dobner S. P., Wenceslai Hagek a Liboczan Annales Bohemorum. Prag, 1762 ff.
Jo. Dubravius, Olomucensis Episcopus, Historia Bohemica (1551). Frankfurt, 1687.
Beda Dudík, Mährens allgemeine Geschichte. Brünn, 1860 ff.
Ernst Dümmler, De Bohemiae condicione Carolis imperantibus. 1854.
— Geschichte des ostfränkischen Reichs. (Jahrbücher der deutschen Geschichte). 2. Auflage. Leipzig, 1888.
M. Dvořák, Versus de passione sancti Adelberti a Kosmovi zprávy o českém pohanství. Český Časopis Historický VII. 1901.
C. G. Erben, Regesta diplomatica nec non epistolaria Bohemiae et Moraviae (fortgesetzt von Emler). Prag.
Louis Erhardt, Die älteste germanische Staatenbildung. Leipzig, 1879.
J. Ph. G. Ewers, Das älteste Recht der Russen in seiner geschichtlichen Entwicklung. Dorpat und Hamburg, 1826.
Fontes Rerum Bohemicarum. Prag, 1873 ff.
Anton Frind, Kirchengeschichte Böhmens. Prag, 1864.
Ludwig Gebhardi, Geschichte aller wendisch-slavischen Staaten. Halle, 1790 ff.
Die Geschichtsschreiber der deutschen Vorzeit in deutscher Bearbeitung. Hrsg. von G. H. Pertz, J. Grimm, K. Lachmann, L. Ranke, K. Ritter; fortgesetzt von W. Wattenbach, Leipzig.
Otto Gierke, Das deutsche Genossenschaftsrecht. Berlin, 1868 ff.
— Erbrecht und Vizinenrecht. Z. f. R.-G. Bd. 12 (1876).
— Der Humor im deutschen Recht. 2. Auflage. Berlin, 1887.
Ludwig Giesebrecht, Wendische Geschichten von 780—1182. Berlin, 1843.
Wilhelm Giesebrecht, Geschichte der deutschen Kaiserzeit. Braunschweig, 1881 ff.
Jaroslaw Goll, Samo und die karantanischen Slaven, in den Mitt. d. I. f. ö. G.-F. XI (1890).

Jakob Grimm, Deutsche Rechtsaltertümer. 4. Auflage, besorgt durch Andreas Heusler und Rudolf Hübner. 1899.
Ernst Grofse, Die Formen der Familie und die Formen der Wirtschaft. Freiburg i. B. und Leipzig, 1896.
Grundrifs der indo-arischen Philologie und Altertumskunde, hrsg. von Georg Bühler. Strafsburg, 1896.
A. v. Gutschmid, Kritik der polnischen Urgeschichte des Vincentius Kadłubek, im Archiv f. Kunde öst. G.-Qu. XVII (1857).
Wacslaw Hagek z Liboczan Kronyka Czeská. Prag, 1541.
Handwörterbuch der Staatswissenschaften, hrsg. von J. Conrad, W. Lexis, L. Elster und Edg. Löning. Jena. 1. Auflage seit 1889. 2. Auflage seit 1898.
Jaromir Haněl, O vlivu práva německého v Cechách a na Moravě. Prag, 1874.
Otto Hein, Altpreufsische Wirtschaftsgeschichte bis zur Ordenszeit, in der Z. f. Ethnologie XXII (1890).
Richard Hildebrand, Recht und Sitte auf den verschiedenen wirtschaftlichen Kulturstufen. Jena, 1896.
Constantin v. Höfler, Abhandlungen aus dem Gebiete der slavischen Geschichte. W. S.-B. XCVII (1881).
Julius Hoffory, Der germanische Himmelsgott. Nachrichten der Gesellschaft der Wissenschaften in Göttingen. Göttingen, 1888.
Franz Holub, Das Reich Samos. Programm der Unter-Realschule Leopoldstadt-Wien. 1879.
Alphons Huber, Geschichte Österreichs. Gotha 1885 ff.
Georg Jacob, Ein arabischer Berichterstatter aus dem X. oder XI. Jahrhundert über Fulda, Schleswig, Soest, Paderborn und andere deutsche Städte. Berlin, 1890.
Vatroslav Jagić, Rezension von Fr. Kraufs, Sitte und Brauch der Südslaven. Archiv für slavische Philologie, Bd. 8 (1885).
— Rezension von Stojan, Novaković, Selo. Archiv für slavische Philologie, Bd. 15 (1893).
Jahrbücher für Nationalökonomie und Statistik. Begründet von B. Hildebrand, hrsg. von J. Conrad, in Verbindung mit Edg. Loening und W. Lexis. Jena.
Hermenegild Jireček, Codex Juris Bohemici. Prag, 1867 ff.
— Das Recht in Böhmen und Mähren. Prag, 1866.
— Slovanské právo v Čechách a na Moravě. Prag, 1863 ff.
— Svod zákonův slovanských. Prag, 1880.
— Všeslovanský slovař právnicko-historický. Bericht darüber und Proben daraus in Právník, Prag, 1897.
Julius Jolly, Artikel „Recht und Sitte", in Grundrifs der indoarischen Philologie, hrsg. von G. Bühler.
Karel Kadlec, Rodinný nedíl čili zádruha v právu slovanském. Prag, 1898.
— K „slovn o zádruze". Národopisný sborník česko-slovanský VI (1900).
— Rodinný nedíl ve světle dat srovnavacích dějin právních. Časopis Matice Moravské Bd. XXV (1901).
R. F. Kaindl, Über die angebliche Vielweiberei bei den alten Böhmen. Mitt. des Vereins f. Gesch. d. Dtsch. in Böhmen XXXI (1892).
Josef Kalousek, České státní právo. 2. Auflage. Prag, 1892.
— O staročeském právě dědičném a královském právě odúmrtném na statcích svobodných v Čechách i v Moravě. Prag, 1894. Rozpravy der czechischen K. F.-J.-Akademie Klasse I Jahrg. III No. 1.
Wojciech Kętrzyński, Przyczynki do historyi Piastowiczów i Polski Piastowskiej. Rozprawy der Krakauer Akademie der Wissenschaften Hist.-phil. Cl. Bd. 37 (1899).
Josef Kohler, Die Gewohnheitsrechte der Provinz Bombay. Zeitschrift für vergleichende Rechtswissenschaft. Bd. 10 (1892).

Fr. S. Kraufs, Sitte und Brauch der Südslaven. Wien, 1885.
Krčmář, Rezension von Otto Gierke, Handelsgesellschaft und bürgerliches Recht (Archiv für bürgerliches Recht Bd. XIX) in Sborník věd státních a právních II (1902).
G. Krek, Einleitung in die slavische Literaturgeschichte. 2. Auflage. Graz, 1887.
Franz Krones, Handbuch der Geschichte Österreichs von der ältesten bis neuesten Zeit. Berlin, 1876 ff.
Martin Kuthen, Kronika o založení země české. Prag, 1539.
Kwartalnik Historyczny. Begründet von Liske, fortgesetzt von Korzeniowski. Lemberg.
E. de Laveleye, Das Ureigentum. Übersetzt von K. Bücher. Leipzig, 1879.
Karl Lehmann, Der Königsfriede der Nordgermanen. Berlin und Leipzig, 1886.
Karl Lehmann und Hans Schnorr von Carolsfeld, Die Njálssage, insbesondere in ihren juristischen Bestandteilen. Berlin, 1883.
Burk. Wilh. Leist, Altarisches ius civile. Jena, 1892.
— Altarisches ius gentium. Jena, 1889.
— Graeco-italische Rechtsgeschichte. Jena, 1884.
Julius Lippert, Die Anfänge der Staatenbildung in Böhmen. Mitt. f. Gesch. d. Dtsch. in Böhmen XXIX (1891).
— Die Knechtschaft in Böhmen. Beilage zur „Bohemia" (Prag), 1890 Nr. 1.
— Sozialgeschichte Böhmens in vorhussitischer Zeit. Prag, Wien, Leipzig. I, 1896. II, 1898.
— Die tschechische Ursage und ihre Entstehung. (Sammlung gemeinnütziger Vorträge, hrsg. vom deutschen Verein zur Verbreitung gemeinnütziger Kenntnisse in Prag, Nr. 141.) Prag, 1890.
J. Loserth, Das angebliche Senioratsgesetz des Herzogs Břetislaw I. und die böhmische Succession in der Zeit des nationalen Herzogtums. Archiv für österreichische Geschichte Bd. LXIV (1882).
— Die Herrschaft der Langobarden in Böhmen, Mähren und Rugiland. Mitt. d. Inst. f. öst. G.-F. II (1881).
— Studien zu Cosmas von Prag. Archiv für österreichische Geschichte. Bd. LXI (1880).
— Der Sturz des Hauses Slawnik. Archiv f. öst. Gesch. LXV (1883).
Johannis de Marignola Chronicon. Fontes Rerum Bohemicarum Bd. III.
Konrad Maurer, Die Bekehrung des norwegischen Stammes zum Christentum. München, 1855.
J. Meinert, Die böhmischen Geschichtschreiber des ersten Zeitraumes. Wiener Jahrbücher der Litteratur XV (1821).
August Meitzen, Siedelung und Agrarwesen der Westgermanen und der Ostgermanen, der Kelten, Römer, Finnen und Slaven. Berlin, 1895.
J. B. Menckenius, Scriptores rerum Germanicarum praecipue Saxonicarum. Leipzig, 1728 ff.
Mitteilungen der anthropologischen Gesellschaft in Wien.
— des Instituts für österreichische Geschichtsforschung. Innsbruck.
— des Vereins für Geschichte der Deutschen in Böhmen. Prag.
Eugen Mogk, Artikel „Mythologie" in Pauls Grundrifs d. germ. Philologie III².
Theodor Mommsen, Römisches Staatsrecht. Leipzig, 1876 ff.
Monumenta Germaniae historica. Hannover.
Engelbert Mühlbacher, Deutsche Geschichte unter den Karolingern (Bibliothek Deutscher Geschichte, hrsg. von H. v. Zwiedineck-Südenhorst). Stuttgart, 1896.
— Regesten der Karolinger, 2. Auflage. Innsbruck, 1899.

Karl Müllenhoff, Deutsche Altertumskunde. Berlin, 1870 ff.
Iwan von Müller, Die griechischen Privataltertümer in seinem Handbuch der klassischen Altertumswissenschaft. Bd. IV, 1. Abt. 2. Hälfte. München, 1893.
Národopisný sborník československý. Vydává národopisná společnosť československá a národopisné museum československé. Red. Fr. Pastrnek. Georg Polívka. Prag.
Johannis Neplachonis, Abbatis opatovicensis, Chronicon. Fontes Rerum Bohemicarum Bd. III.
Fr. Nerad, Samo a jeho říše. Programm der czechischen Realschule in Teltsch. 1895/6.
Josef Max Graf Ossoliński, Vincent Kadłubek, übersetzt von Samuel Gottlieb Linde. Warschau, 1822.
Max Pappenheim, Rezension von P. Puntschart, Herzogseinsetzung und Huldigung in Kärnten. Z.[2] f. R.-G., Germ. Abt. XX (1899).
František Palacký, Dějiny Národu Českého w Čechách a w Morawě 3. (teilweise 2.) Auflage. Prag, 1876—8.
Franz Palacký, Würdigung der alten böhmischen Geschichtsschreiber. Prag, 1830.
Johannes Peisker, Die Knechtschaft in Böhmen. Prag, 1890.
— Die österreichische Wirtschaftsgeschichte und ihr wichtigster Behelf, die Katastralkarte, in den Mitt. der anthropologischen Gesellschaft in Wien. Sitzungsberichte Bd. XXVII = N. F. XVII. 1897.
— Die serbische zadruga. Z. f. Sozial- und Wirtschaftsgeschichte VII (1899).
— Slovo o zádruze. Národopisný sborník česko-slovanský Bd. IV (1899).
— Zur Sozialgeschichte Böhmens. Zeitschrift für Sozial- und Wirtschaftsgeschichte Bd. V (1897).
— Východisko Meitzenova líčení agrárních dějin germánských a slovanských, in Český Časopis Historický IV (1898).
— Zádruha na Prachensku. S.-A. aus Athenaeum Bd. V. 1888.
Josef Pekař (?), Rezension von O. Balzer, O zadrudze słowiańskiej. Český Časopis Historický Bd. V (1899).
Josef Pekař, Anzeige von O. Balzer, O zadrudze słowiańskiej. Věstník slovanských starožitností Bd. IV (1900).
— K sporu o zádruhu staroslovanskou. Český Časopis Historický Bd. VI (1900).
F. Martin Pelzel, Nowá kronyka czeská. Prag, 1791 ff.
Josef Perwolf, Staroslovanské řády a obyčeje. Slovanský sborník Bd. III (1884).
v. Peucker, Das deutsche Kriegswesen der Urzeiten. Berlin, 1860.
J. L. Píč, Bojové, Markomani a Češi. Vorrede zu Archaeologický výzkum ve středních Čechách. Prag, 1893.
Alb. Herm. Post, Grundrifs der ethnologischen Jurisprudenz. Oldenburg und Leipzig. I. Bd. 1894, II. Bd. 1895.
— Die Grundlagen des Rechts und die Grundzüge seiner Entwicklungsgeschichte. Oldenburg, 1884.
— Studien zur Entwicklungsgeschichte des Familienrechts. Oldenburg, 1889.
Právník. Časopis věnovaný vědě právnické vůbec. Hrsg. v. Erben, Taxis, Jeřábek u. s. w. Prag.
Franz Pubitschka, Chronologische Geschichte Böhmens. Prag, 1770—1807.
Przibiconis de Radenin, dicti Pulkawae, Chronicon Bohemiae. Fontes Rerum Bohemicarum Bd. V.
Paul Puntschart, Herzogseinsetzung und Huldigung in Kärnten. Leipzig, 1899.
Felix Rachfahl, Die Organisation der Gesamtstaatsverwaltung Schlesiens vor dem Dreifsigjährigen Kriege. Schmollers Staats- und sozialwissenschaftliche Forschungen XIII, 1. Leipzig, 1894.

Felix Rachfahl, Zur Geschichte des Grundeigentums. Conrads Jahrbücher der Nationalökonomie und Statistik. III. Folge. Bd. XIX. (1900).
Antonín Randa, Přehled vzniku a vývinu desk čili knih veřejných. Prag, 1870.
Karl Freih. v. Richthofen, Friesische Rechtsquellen. Berlin, 1840.
Emil Franz Rößler, Deutsche Rechtsdenkmäler aus Böhmen und Mähren. Prag. I. Bd. 1845. II. Bd. 1852.
Robert Rößler, Der Zeitpunkt der slavischen Ansiedlung an der unteren Donau. Wiener S.-B. Bd. 73. (1873).
Rozprawy akademii umiejętności. Wydział historyczno-filozoficzny. Krakau.
Rozprawy české akademie císaře Františka Josefa pro vědu, slovesnosť a umění v Prage. Prag.
O. J. Šafařík, Slowanské starožitnosti. Prag, 1837.
Sborník věd právních a státních. Hrsg. von Timotheus Freiherrn Rieger. Prag.
P. J. Schafarik, Slawische Altertümer. Deutsch von Mosig von Aehrenfeld, hrsg. von Heinrich Wuttke. Leipzig. I. Bd. 1843. II. Bd. 1844.
Wilhelm Scherer, Rezension von Anton Baumstark, Die Germania des Tacitus. Anzeiger für deutsches Altertum. Bd. IV (1878).
— Mars Thingsus. Berliner S.-B. 1884.
Herman Schiller, Die römischen Staats- und Rechtsaltertümer in Iwan v. Müllers Handbuch der klassischen Altertumswissenschaft. Bd. IV. 2. Abteilung. München, 1893.
O. Schrader, Reallexikon der indogermanischen Altertumskunde. Straßburg, 1901.
— Sprachvergleichung und Urgeschichte. 2. Auflage, Jena, 1890.
Hans Schreuer, Die Behandlung der Verbrechenskonkurrenz in den Volksrechten (Gierkes Untersuchungen zur deutschen Staats- und Rechtsgeschichte, 50. Heft). Breslau, 1896.
— Rezension von Luschin v. Ebengreuth, Österreichische Reichsgeschichte. Kritische Vierteljahresschrift für Gesetzgebung und Rechtswissenschaft. 3. Folge, Bd. II, 1896.
— Rezension von Richard Hildebrand, Recht und Sitte auf den verschiedenen wirtschaftlichen Kulturstufen. Z. [2] f. R.-G. Bd. 19 (1898).
— Rezension von Julius Lippert, Sozialgeschichte Böhmens in vorhussitischer Zeit. Z. [2] f. R.-G. Bd. 20 (1900).
— Rezension von J. Grimm, Deutsche Rechtsaltertümer (4. Auflage). (Münchener) Kritische Vierteljahresschrift für Gesetzgebung und Rechtswissenschaft. 3. Folge. Bd. VII. 1901 (ex 1900).
Richard Schroeder, Lehrbuch der deutschen Rechtsgeschichte. 3. Auflage. Leipzig, 1898.
Wilhelm Sickel, Der deutsche Freistaat. Halle, 1879.
Ferdinand Skalla, Der erste Przemyslide. Programm der Oberrealschule zu Znaim. 1889.
Fr. A. Slavík, O významu jména Čech. Č. Č. M. 1890.
Slovanský sborník statí z oboru národopisu, kulturní historie a dějin literarního i společenského života. Prag.
Rudolf Sohm, Die fränkische Reichs- und Gerichtsverfassung. Weimar, 1871.
M. Paul Stránský, De Republica Bojema (1633). Amstelaedami 1713.
Aeneas Sylvius, Senensis, S. R. E. Card., De Bohemorum et ex his imperatorum aliquot origine ac gestis .. historia. Frankfurt, 1687.
J. A. Tomaschek, Deutsches Recht in Österreich im dreizehnten Jahrhundert. Wien, 1859.
— Das Heimfallsrecht. Wien, 1882.
W. W. Tomek, Apologie der ältesten Geschichte Böhmens. Abhandlungen der kgl. böhmischen Gesellschaft der Wissenschaften, 1865.

W. W. Tomek, Děje Království Ceského. Prag, 1891.
— Dějepis města Prahy. Prag. I. Bd. 1855. 2. Auflage 1892 in den hier in Betracht kommenden Partien, also namentlich Festhalten an den Fälschungen, unverändert.
— Geschichte der Stadt Prag. Prag, 1856.
— Národy rakouské v. 6. a 7. století po Kristu. C. Č. M. 1857, S. 201 ff.
— O starém rozdělení Cech na župy a pozdějším na kraje. Č. Č. M. 1858. S. 222 ff., 327 ff., 475 ff.
Paul Turner, Slavisches Familienrecht. Strafsburger Dissertation. 1874.
Věstník slovanských starožitností. Indicateur des travaux relatifs à l'antiquité slave. Hrsg. von L. Niederle. Prag, 1898 ff.
Alfred Vierkandt, Naturvölker und Kulturvölker. Leipzig, 1896.
Georg Waitz, Deutsche Verfassungsgeschichte. I [3]. Berlin, 1880.
W. Wattenbach, Abraham Jakobsens Bericht über die Slavenlande vom Jahre 973. Anhang zu Widukinds sächsischen Geschichten. Geschichtschreiber der deutschen Vorzeit. X. Jahrh. VI. Bd. 2. Gesamtausgabe. Leipzig (1891).
— Deutschlands Geschichtsquellen im Mittelalter bis zur Mitte des dreizehnten Jahrhunderts. Berlin. I. 1893. II. 1894.
Carl Weinhold, Altnordisches Leben. Berlin, 1856.
— Beiträge zu den germanischen Kriegsaltertümern. Berliner S.-B. 1891.
— Die deutschen Frauen im Mittelalter. 2. Auflage, Wien, 1882.
— Über den Mythus vom Wanenkrieg. Berliner S.-B. 1890.
Emil Werunsky, Böhmens sozialpolitische Entwicklung in vorhussitischer Zeit. Neue Jahrbücher für das klassische Altertum, hrsg. von Ilberg und Richter. I. Abt. VII. Bd. Leipzig (1901).
(Wiener) Jahrbücher der Literatur. Wien.
Sitzungsberichte der kaiserlichen Akademie der Wissenschaften. Wien (Wiener S.-B.).
W. E. Wilda, Das Strafrecht der Germanen. Halle, 1842.
Joh. Er. Wocel, O staročeském právu dědičném. Abhandlungen der böhm. Ges. d. Wiss. Prag, 1861.
Victorin von Wssehrd, O práviech země czeské. Hrsg. von H. Jireček, Codex iuris bohemici III 3. 1874.
Zeitschrift der Savignystiftung für Rechtsgeschichte (Z. [2] f. R.-G.). Weimar.
Zeitschrift für Ethnologie. Berlin.
Zeitschrift für Rechtsgeschichte (Z. f. R.-G.). Weimar.
Zeitschrift für Sozial- und Wirtschaftsgeschichte. Hrsg. von Stephan Bauer und Ludo Moritz Hartmann.

§ 1.

Kritik.

Der Prager Domkapitular[1] Cosmas († 1125) beginnt seine Darstellung der Schicksale Böhmens[2] mit der Wiedergabe der volkstümlichen Ursage, die er sorgfältig von der ihm besser überlieferten Geschichte des Landes — beginnend mit der allerdings falschen, dem Jahre 894 zugeschriebenen Nachricht von der Taufe Bořiwojs — trennt. Dieses Mafs von Kritik oder wohl besser gesagt ehrlicher Reproduktionsfähigkeit wäre an sich geeignet, dem Chronisten Vertrauen zu verschaffen. Leider wird dieses Vertrauen durch die Einblicke getrübt, welche uns die historische Forschung, namentlich Loserth, in die Arbeitsweise des Schriftstellers verschafft hat. Cosmas ist häufig in seinen Angaben recht ungenau, und er spricht nicht mit eigenem Munde[3]. Für die Sage kommt der erstere Mangel weniger in Betracht, dafür um so mehr der zweite. Einen grofsen Teil der Sage erzählt Cosmas geradezu mit den Worten namentlich des Regino resp. Justinus und des Boëtius. Dieser Mangel wird dadurch noch bedenklicher, dafs der Erzähler gelegentlich selbst Geschichte „macht", d. h. konstruiert. Wir können ihn gleich am Anfang seiner Schilderung auf handhafter That ertappen, wo er erzählt, nach der biblischen Sintflut sei Böhmen menschenleer gewesen, bis

[1] Dafs Cosmas erst zwischen der Abfassung des ersten und zweiten Buches seiner Chronik Dechant geworden sei, wie Köpke in seiner Ausgabe M. G. IX S. 4 vermutet, scheint mir durch die, wenn auch beachtenswerten Bemerkungen von Emler und Tomek in ihrer Ausgabe S. VII Anm. 1 nicht widerlegt zu sein.

[2] Vgl. hierüber Wattenbach, Deutschlands Geschichtsquellen 2, 203 ff. Dieser Abhandlung liegen die Ausgaben von R. Köpke, Monumenta Germaniae historica Scriptores, IX S. 1 ff., und J. Emler-W. W. Tomek, Fontes Rerum Bohemicarum II. Band, Prag 1874, zu Grunde.

[3] Näheres bei Wattenbach, G.-Qu., a. a. O. und den dort Zitierten, namentlich Loserth. Eine Erwiderung gegenüber Regel bringt Loserth, Mitteilungen des Vereins für Geschichte der Deutschen in Böhmen 29 (1891) S. 37 ff. Vgl. zuletzt auch noch M. Dvořák, Český časopis historický VII, 1901, S. 448 ff. W. v. Giesebrecht, Geschichte der deutschen Kaiserzeit 1, S. XXIII, bezweifelt, dafs Cosmas durch Entlehnung aus Regino falsche Thatsachen in dem von Loserth angenommenen Umfang in die Geschichte Böhmens eingeführt habe.

Bohemus mit seiner Schar gekommen sei[4]. Diese gewifs schweren Mängel gebieten grofse Vorsicht, aber wir dürfen uns nicht zu einem vollständigen Nihilismus hinreifsen lassen. Für die Benutzung fremder Schriftsteller durch den Chronisten ist sehr lehrreich die Božena-Erzählung[5]. Loserth hat scharfsinnig nachgewiesen, dafs unser Gewährsmann hier aus Regino zu 980 abgeschrieben hat[6]. Die Übereinstimmung des Cosmas mit seiner Vorlage betrifft aber doch nur die Form, die stilistische Ausschmückung. Trotz der wörtlichen Anlehnung bleibt die Božena ein Wäsche waschendes Bauernweib, während Regino ausdrücklich die Mutter Arnulfs, die dem Böhmen zur Vorlage diente, als nobilis femina bezeichnet. Cosmas ist eben ein Mann, der gern seine gelehrte rhetorische Bildung einfliefsen läfst. Wie weit dies auf Kosten der Wahrheit geschieht, kann im einzelnen Fall nur eine eingehende Untersuchung zeigen. Von vornherein seiner Darstellung einen echten Kern abzusprechen, geht nicht an. Diesen kritischen Grundsatz müssen wir auch auf die Wiedergabe der böhmischen Sage anwenden. Aus dem Titel der Unzuverlässigkeit des Autors dürfen wir diesen Abschnitt nicht überschlagen. Selbst dort, wo Cosmas andere Schriftsteller ausschreibt, ist die Vermutung nicht ausgeschlossen, dafs er blofs in seiner gelehrten, zitatenreichen Art wirkliche Sage referiert.

Es fragt sich nun, wieviel historische Wahrheit wir der Sage selbst zutrauen dürfen. Es scheint mir, dafs von der lange herrschenden Meinung abzuweichen ist. Man ist der Sage nicht gerecht geworden. Die strenge kritische deutsche Forschung hat sie als Fabel, die „der wahren Geschichte so wenig entspricht wie die meisten Darstellungen, welche auf ähnlichen Gründen beruhen“, verworfen[7]. Dieser Vorwurf

---

[4] I, 1 und 2.

[5] I, 36.

[6] Archiv für österreichische Geschichtsforschung LXI (1880) S. 17.

[7] Schon früh hat die deutsche Wissenschaft zur Kritik gegenüber der böhmischen Sage gemahnt. So Chr. Gottl. Schwartz aus Altdorf in der Ausgabe des Cosmas bei Mencken von 1728. Er zitiert die böhmische Litteratur, bemerkt aber bei Lubossa: Nos in his prisci aevi fabulis explicandis operam perdere nolumus. Ähnlich bei der przemyslidischen Regententafel: Non vocat, horum ducum Bohemiae successionem excutere. Bene monet Cl. Schminckius, . . . tam intricatam, tam corruptam, tamque incertam esse chronologiam Ducum et Regum Bohemiae istius aevi, ut nihil sani inde elici possit. Für die moderne Auffassung siehe Wattenbach, G.-Q. 2, 204. Vgl. auch neuestens die allgemeine Bemerkung Rachfahls in Conrads Jahrbüchern f. Nat.-Ök., 1900, S. 3. Zum Teil auf demselben Standpunkt steht auch Palacky, Würdigung der alten böhmischen Geschichtschreiber S. 20 ff.: „Dafs die Beschreibung der Urböhmen keine historische, folglich auch keine Quelle für den Historiker sein könne“. Doch hat dieser Kritizismus Palackys nicht immer vorgehalten. So behandelt er z. B. Dějiny (národu Českého) I, 1, 19; 102; 173 die gefälschten Handschriften, die doch auch Sage bringen wollen, recht zuversichtlich als historische Quellen. Die Ablehnung der

wendet sich gegen den inneren Gehalt der Sage. Die nachstehenden Ausführungen werden zeigen, dafs er im grofsen ganzen nicht gerechtfertigt ist. Die neuere deutsche Wissenschaft, die liebevoll damit beschäftigt ist, auch aus den Sagen echte Kerne herauszuschälen [7a], läfst dieses Unternehmen nicht

---

Cosmasschen Sagenform durch Tomek, Apologie der ältesten Geschichte Böhmens (Abhandlungen der Kgl. böhmischen Gesellschaft der Wissenschaften 1865) S. 45, beruht lediglich auf einer falschen Datierung. „Krok kann nicht der erste Begründer einer eigentlichen Landesgewalt in Böhmen sein, da wir von einem Samo schon vor ihm wissen.“ Dieser Einwand wäre gewifs berechtigt, wenn er richtig wäre. Es wird sich zeigen, dafs Samo nach Krak zu setzen ist, dafs die samonische Epoche nichts anderes ist als die Przemysls, und damit ist nicht nur der Einwand beseitigt, sondern die Sage vollkommen gerechtfertigt. Bei Lippert ist, wie später gezeigt wird, seine einseitige Vorliebe für den darwinistischen Kampf ums Dasein und sonstige aprioristische Geschichtskonstruktionen wohl mit ein Hauptgrund für seine zu geringe Einschätzung der Sage. Seine Ausführungen, namentlich „Die czechische Ursage“, stellen mehr die Art und Weise dar, wie eine derartige Sage allenfalls auch hätte entstehen können. Die Annahme, das Volk hätte nur die paar archäologischen Reste, die Burg- und Hügelnamen gehabt und im Anschlusse daran eigentlich die ganze Sage erst erdichtet, ist doch höchst unwahrscheinlich. Auf Lipperts Frage S. 9 a. a. O.: „Wer sollte der Träger der Geschichte erloschener Geschlechter sein?“ ist doch zunächst zu antworten: die Tradition. Nicht auf die bewufste „Volksforschung“, sondern auf die „Volksüberlieferung“ ist vor allem Nachdruck zu legen. A. Bachmann, Beiträge zu Böhmens Geschichte und Geschichtsquellen, in den Mitt. d. Inst. f. öst. G. F. XX (1899) S. 42 ff., erkennt zwar mehrfach einen historischen Kern der Sage an, ist aber infolge allzu summarischer Behandlung sehr leicht bereit, wichtige Züge zu opfern.

7a Über die Sagenkritik im allgemeinen vgl. besonders die feinen Ausführungen von E. Bernheim, Lehrbuch der historischen Methode (1. Auflage), 1889, S. 248 ff., 331, 337 ff. Namentlich dem Juristen bietet die Sage eine viel brauchbarere Quelle als dem Historiker. Dem Juristen kommt es allenfalls blofs darauf an, die Rechtsidee aus den Quellen herauszuarbeiten. Das ist aber bei der Sage noch ganz gut möglich, selbst wenn die äufseren Umstände erdichtet sind. Durch die umgestaltende Kraft der von subjektiven Tendenzen geleiteten Sagenbildung werden gerade die subjektiven Überzeugungen (also auch die Rechtsüberzeugung), die den Inhalt der Begebenheiten erfüllen, am wenigsten alteriert werden. Ja es können event. die Kultur- und also auch die Rechtsideale eines Volkes in der Sage viel reiner zum Ausdruck kommen als in jenen Darstellungen, in denen sie sich beständig mit den mannigfachen Strömungen des Lebens zu kreuzen haben. Die folgende Darstellung wird eine Fülle von Belegen für diese allgemeinen methodischen Sätze bringen. Hier seien nur einige wenige hervorgehoben. Es hat z. B. der Franke, der im siebenten Jahrhunderte den grossen Slavenbund gestiftet hat, gewifs nicht Samo geheifsen. Der Volksgeist hat ihm aber vielleicht schon bei Lebzeiten diesen Namen, der seine staatsrechtliche Stellung zum Ausdrucke bringen soll, beigelegt. Bereits für den nüchternen fränkischen Chronisten heifst der Mann Samo. Ähnliches gilt von den Namen Lubossa, Przemysl, Nezamysl. Auch wenn sie historisch nicht wahr sind, bilden sie für die Ideenforschung recht wertvolles Material. Schon diese vieleicht blofs angeblichen Namen sind ein Indiz für die Charakteristik ihrer Träger. Lubossa ist die Friedensrichterin, Przemysl (Prometheus) der schlaue Reformator,

aussichtslos erscheinen, zumal sich ergeben wird, dafs die Sozialverhältnisse der böhmischen Sage in die anderweitigen Ergebnisse der modernen Forschung durchaus hineinpassen. Von czechischer Seite hat man die spärlichen Brocken, die Cosmas bietet, verachtet und lieber nach den vollen Schüsseln des Dalemil und der gefälschten Handschriften gegriffen, wiewohl man durch die oft geradezu läppischen Schilderungen der letzteren hätte gewarnt sein können[8].

Nezamysl (Epimetheus) dessen trauriger Epigone κατ' ἐξοχήν. Ein anderes Beispiel. Der Bericht über die Vermählung Lubossas mit Przemysl ist in der Fassung des Cosmas resp. der Sage gewifs unwahr. Eine feinere Kritik kann aber eine ganze Reihe von historisch wahren Elementen herausschälen, und zwar nicht nur von Begebenheiten, sondern noch mehr von Zuständen, von kulturhistorischen Zügen, als: die Auswahl des Gatten durch die Frau nach Beratung mit ihrer Familie u. s. w. So werden ja bekanntlich auch legendarische Vorgänge längst als wichtige Quelle rechtsgeschichtlicher Erkenntnis benutzt. Bei alledem darf aber selbstverständlich nicht übersehen werden, dafs die Sage poetische Übertreibungen liebt, und dafs der Volksgeist, der gelegentlich eine Verschiebung der reinen Tradition bewirkt, selbst auch in beständigem Flusse begriffen ist.

[8] Vgl. z. B. die Abstimmung des böhmischen Landtages zur Zeit der Lubossa, die nach dem Machwerk der Fälscher durch Einsammeln von Stimmzetteln vor sich geht! Dazu Palacký, Dějiny I, 1 202 ff., Tomek; Děje království Českého, 1891, S. 13; H. Jireček, Recht in Böhmen I, 73 ff. Selbst Randa, Přehled vzniku a vývinu desk čili knih veřejných, 1870, S. 5, hat die Rechtstafeln der Handschrift acceptiert. Gegen eine ähnliche Fabel Hájeks schon Dobner II, 87, 130 f., 172 f. Mit durch Dalemil und die Fälschungen verleitet, löst V. Brandl, O Bojích herkynských a o významu nejstarších českých pověstí, im Časopis Matice Moravské, 1873, S. 8 ff., die ganze Sage in einen mythologischen Nebel auf. Dasselbe gilt im Wesen auch von K. J. Erben, O dvojici a o trojici v slovanském bájesloví im Časopis českého Musea, 1857, namentlich S. 393 ff. Die Verwertung der Falsifikate steht heute noch in üppiger Blüte. Von Gelehrten nenne ich W. W. Tomek, Děje království Českého, 1891; Hermenegild Jireček, Slavisches Rechtswörterbuch, Právník 1897; J. L. Píč, Bojové Markomani a Češi, als Vorrede zu Archaeologický výzkum ve středních Čechách, Prag 1893, S. LXX. Hierher gehört eigentlich auch die neue Auflage der Geschichte Palackýs durch Timotheus Freiherrn Rieger, Prag 1894/6. v. Rieger hat es unterlassen, das zum gröfsten Teil unkritische Publikum dieses Buches darauf aufmerksam zu machen, dafs gewichtige Quellen Palackýs sich als gewissenlose Fälschungen herausgestellt haben. Wer die Wahrheit kennt, der hat sie auch zu sagen. So ist aber das Buch geeignet, bedenklichen politischen Zielen weiter Vorschub zu leisten. — Gegen die Ausnutzung der betrügerischen Fabrikate für rechts- und wirtschaftsgeschichtliche Zwecke tritt auf czechischer Seite erst die neuere und neueste Schule ausdrücklich auf. In der vorliegenden Arbeit soll selbst eine Polemik mit den Machwerken Hankas und seiner Genossen, sowie mit den darauf ruhenden Behauptungen der Litteratur als unnützer Ballast thunlichst vermieden werden. Auch der sog. Dalemil aus dem vierzehnten Jahrhundert (Fontes Rerum Bohemicarum Bd. III) ist, soweit er über Cosmas hinausgeht, eine sehr bedenkliche Quelle; vgl. hierüber sehr gut J. Lippert, Die czechische Ursage und ihre Entstehung (Sammlung gemeinnütziger Vorträge, hrsg. vom deutschen Vereine zur Verbreitung gemeinnütziger Kennt-

Um nun auf den Inhalt der Sage einzugehen, empfiehlt es sich, folgende Abschnitte zu unterscheiden: die Einwanderung und das goldene Zeitalter, das Zeitalter des Eigentums, in dem das Auftreten Kraks, dann der Lubossa besonders markante Punkte abgeben, die Regierung Przemysls, dann die Zeit nach Przemysl, worin wieder die Neklansage sich besonders heraushebt.

Die Einwanderungssage[9] leidet, wie schon bemerkt, an einem empfindlichen Mangel, nämlich an einem unvermittelten Anschlufs an die Sintflut und die Zerstreuung der Menschheit anläfslich des Turmbaus zu Babel. Allein diese Momente liegen doch eigentlich aufserhalb der eigentlichen Einwanderungssage. Gewifs hat eine Einwanderung stattgefunden, und es ist nicht unmöglich, dafs die Volkssage eine Erinnerung daran bewahrt hat. Die Einwanderungssage ist auch voll von Anklängen an die Bibel (Bohemus führt seine Schar wie Moses die Juden ins gelobte Land), an Vergil, Horaz[10]. Wir werden also allen Details skeptisch gegenübertreten müssen. Für unser Interesse kommen hauptsächlich die Person des „Bohemus" und das Lokal der Ereignisse in Betracht.

Trotz aller Bedenken[11] möchte ich den Namen „Bohemus" für die Übersetzung eines „Czech" der Volkssage erklären.

nisse in Prag, No. 141), S. 1 f. Er wird deshalb nicht als Fundament der Darstellung benutzt. Selbstverständlich bleibt auch Hájek (1541) ganz aufser Betracht. Er ist bekanntlich durch das höchst bedeutsame Werk des gelehrten Piaristen Gelasius Dobner (1761 ff.) entlarvt worden. Dementsprechend wird auch die ältere unkritische und fabulierende Litteratur nur so weit zitiert, als es — ausnahmsweise — von Interesse ist. Für die sorglose Naivetät dieser älteren Litteratur sind charakteristisch Wendungen wie: Balbin Dec. I lib. VII Sectio IV cap. 10: Haec omnia bella Stransky et Welcslawinus Neclano adscribunt, qui . . Anno . . Christi 839 decesserit; mihi inverisimile videtur illud de Annis Christi; reliqua tolerari possunt, sed probabile videtur aliquam bellorum istorum partem ad Crzezomyslum Patrem, aliqua etiam ad filium Hostivitum pertinere. Oder Pubitschka 1 282 f.: Das Sterbejahr Przemysls wird verschieden angesetzt. „Da das eigentliche Jahr völlig ungewifs ist, so ist es gleichgiltig, welches man annehmen will."

[9] Cosmas I, 2. H. Jireček, Studie ku kronice Kosmově, im Časopis Českého Musea 1892, S. 253, findet es beachtenswert, dafs Cosmas die Boemi für Einwanderer erklärt. Auf das Weitere der Einwanderungssage geht er nicht ein. Bachmann, Mitt. d. Inst. f. öst. G.F. XX (1899), verwirft — m. E. voreilig — fast die ganze Einwanderungssage.

[10] Vgl. die Nachweisungen in den angegebenen Ausgaben von Köpke und Emler. Auch das Küssen der Erde der neuen Heimat ist ein antikes und daher wohl entlehntes Motiv.

[11] Der Name „Czech" für den Führer bei der Einwanderung kommt zuerst bei Dalemil vor. Nach Lippert, Sozialgeschichte Böhmens I, 122, hätte Cosmas aus Bohemia Bohemus gebildet, und der sog. Dalimil dann durch Übersetzung Čech daraus gemacht. Dagegen sieht Bachmann, Geschichte Böhmens S. 115, darin die Deutung des Landnamens Čechy aus Čech durch die (Volks-?) Sage. Weitere Litteratur zu dieser Frage bei Bachmann, a. a. O.

Cosmas liebt solche gelehrte Geschmacklosigkeiten. So übersetzt er z. B. Wenzlaw mit Maior gloria, Wojtěch mit Exercitus consolatio[12]. Das mufste sich ihm hier um so mehr nahelegen, als er eine Ätiologie für Bohemi, Bohemia brauchte. Czech wäre demnach nicht erst durch Cosmas-Dalemil geschaffen, sondern eine Figur der alten Volkssage. Dafs Czech nicht etwa als der Stammvater der Czechen gedacht sei, ergibt sich schon klar aus dem Wortlaut der Sage bei Cosmas[13]. Der Anführer erscheint dort als Patriarch, aber nicht als Stammvater. Das Volk müfste wohl auch sonst einen von dem seinen abgeleiteten patronymischen Namen führen. Vielmehr ist der Name des Führers nichts anderes als der Name des Volkes. Eigentlich war jeder aus der Schar Czech und der Führer Czech κατ᾽ ἐξοχήν[14]. Viel wichtiger als der Name ist der Umstand selbst, dafs die Einwanderung unter einem Führer geschehen sein soll. Im folgenden wird gezeigt werden, dafs dieser Zug innerlich durchaus gerechtfertigt ist. Dem Bedenken, dafs das Volk es liebt, für allgemeine Vorgänge einen Hauptakteur zu erdichten, kann hier wie so oft auch anderwärts entgegengehalten werden, dafs schon diese Neigung nicht vorhanden wäre, wenn sie nicht — wenigstens ideell — einen historischen Grund hätte, wenn sie nicht auf wirklichen Erfahrungen beruhen würde. Das Bestreben, Persönlichkeiten, deren Existenz etwas zweifelhaft ist, womöglich als blofse Allegorien auszudeuten, hat sich in der wissenschaftlichen Kritik doch stark überlebt. Es ist wohl nicht allzu gewagt, auch für die Persönlichkeiten der böhmischen Sage einen historischen Kern zu vermuten[14a]. Das gilt ebenso hier hinsichtlich der Existenz eines Führers bei der Einwanderung des Stämmchens, dem die Sage angehört, in Böhmen, als bezüglich der später auftretenden Gestalten eines Krak, einer Lubossa u. s. w.

---

[12] I, 9. Die Übersetzung ist falsch.

[13] Die Worte „quia tu o pater diceris Boëmus" können mit Rücksicht auf: „tunc senior quem alii quasi dominum sequebantur" gar nicht anders verstanden werden.

[14] Vgl. auch A. Brückner, Rozprawy der Krakauer Akademie der Wissenschaften, 1898, S. 340 f.: Czech i Lęch szczepy . . oznacza. Desgleichen schon G. Dobner, Wenceslai Hagek Annales Bohemorum I 50 ff. Er klammert sich aber zu sehr an die Anschauung, dafs Boëmus der erste Einwanderer nach der Sintflut gewesen sein soll, und führt dann wirklich den Namen Bohemia auf ihn zurück; II, 55.

[14a] Die häufig wiederkehrende Argumentation, aus Krakow, Kazin, Tetin, Liboschin sei ätiologisch Krak, Kazi, Tetha, Lubossa geworden (vgl. z. B. auch Lippert, Sozialgeschichte Böhmens I, 112 f.), läfst sich doch stark durch die Frage erschüttern: wie sind denn diese Possessiva zu erklären? Damit ist nicht gesagt, dafs die bezügliche Gründungssage von Wort zu Wort sich auch wirklich zugetragen haben müsse, sondern nur, dafs mindestens derartige Gründungen, die doch offenbar aus dem rechtlichen, wirtschaftlichen, sozialen Bewufstsein berichtet werden, wirklich vorgekommen sind.

Die Einwanderung denkt sich Cosmas vom Berge Řip ausgehend[15]. Der Schauplatz der ersten Vorgänge beim Czechenstämmchen ergibt sich viel genauer aus der folgenden Darstellung des Chronisten. Er liegt nicht eigentlich im Zentrum; Prag und Wyscherad werden erst später begründet[16].

Die ersten Zeiten nach der Einwanderung schildert Cosmas als ein goldenes Zeitalter[17]. Man ist vielfach gewöhnt, derartige Idyllen einfach ad acta zu legen. Dazu kommt, dafs ein grofser Teil der Schilderung unseres Chronisten sich fast wörtlich bei Boëtius, Regino und Justinus wiederfindet[18]. Selbst für die Stelle über die conubia communia ist neuestens eine litterargeschichtliche Entwicklung aus der Adalbertslegende sehr wahrscheinlich gemacht worden[19].

---

[15] Cosmas I, 2: ut reor, circa montem Rip, inter duos fluvios, scilicet Ogram et Wlitawam, primas posuit sedes. Lippert, Sozialgeschichte Böhmens I, 111, hebt sehr richtig hervor, dafs hier blofs eine gelehrte Sage vorliegt.

[16] Die Burg des Crocco, in silva que adiacet pago Stybeczne, die Burg Lubossin, iuxta silvam, que tendit ad pagum Stebecnam, Tethin, castrum .. iuxta fluvium Msam, der tumulus der Kazi, super ripam fluminis Msc, iuxta viam, qua itur in partes provinciae Bechin, per montem qui dicitur Osseca liegen sämtlich im westlichen Centralböhmen. Die Gründung Prags wird angeordnet von einer villa aus, die 30 Stadien weit davon entfernt ist (I, 9), und zwar erst zur Zeit Przemysls. Ebenso erfolgt die Gründung von Wyschehrad-Hrasten und Diewin erst in der przemyslidischen Epoche. Palacký, Dějiny I, 103, 105, 107, 208, setzt sich hier auf Grund des Falsifikats über Cosmas hinweg. Ebenso Tomek, Děje království Českého S. 13. Dějiny I, 95 erklärt Palacký den Wyschehrad für den Sitz Samos. Vgl. hierzu § 2 Anm. 4 und ausführlich J. Lippert, Die Wyschehradfrage, Mitt. f. Gesch. d. Deutschen in Böhmen, 1894, S. 213 ff.

[17] I, 3. felix nimium erat aetas illa u. s. w. Bachmann, Mitt. f. öst. G.-F. XX (1899) S. 44, verwirft unter Hinweis auf die starke Benutzung des Boëtius die Schilderung des goldenen Zeitalters vollständig.

[18] Vgl. Wattenbach, G.-Qu. a. a. O., und die dort Zitierten. Ferner die Nachweisungen in den Ausgaben von Köpke und Emler.

[19] I, 3: Ut solis splendor vel aquae humor sic arva et nemora quin etiam et ipsa conubia erant illis communia. Nam more pecudum singulas ad noctes novos ineunt hymeneos, et surgente aurora trium gratiarum copulam et ferrea amoris rumpunt vincula; et ubi nox quemque occuparat, ibi fusus per herbam frondosae arboris sub umbra dulces carpebat somnos. M. Dvořák hat a. a. O. (oben Anm. 3) in scharfsinniger Weise den Nachweis versucht, dafs diese Stelle auf Canaparius I 12 zurückgehe. Dort wird als erster Grund, weshalb Adalbert sein Vaterland verlassen habe, angeführt: propter plures uxores unius viri. Daraus habe dann Cosmas seine communia conubia in II, 4 und I, 3 gemacht. Als wichtiges Mittelglied der Beweisführung fungieren die Verse Abs. X der Adalbertspassion (XII. Jahrh., vielfach Cosmas selbst zugeschrieben): Prima fuit talis res et veluti capitalis: Duxerat hic ternas uxores iste quaternas, femina nec solo fuerat contenta marito, sed vice consimili nunc huic, nunc iungitur illi, denen die Worte Cosm. I 36 binas vel ternas coniuges habere licuit entsprechen.

Nichtsdestoweniger möchte ich nicht glauben, dafs Cosmas ganz willkürlich nur die eine kurze Wendung der Legende hergenommen und mit Phrasen aus Regino, Boëtius, Sedulius u. s. w. ausgeschmückt hätte. Es ist nicht ausgeschlossen, dafs er wirklich auch eine entsprechende Tradition gehabt hat, auf die er sich ja wiederholt beruft. Im ungünstigsten Fall erscheint aber die Darstellung vom goldenen Zeitalter als Hypothese des Chronisten, die, wie im Verlaufe dieser Untersuchung gezeigt wird, ihre gute Berechtigung hat.

Dafs für die Stelle über die communia conubia auch eine Tradition vorlag, ist durchaus nicht unwahrscheinlich. Die Bekämpfung derselben durch die Kirche dürfte doch wohl eine entsprechende Volksüberlieferung lebendig erhalten haben. Dazu kommt, dafs wiederholte spätere Äufserungen des Chronisten sowohl im zweifellos echt sagenhaften als im geschichtlichen Teil ganz gut zu derartigen Anfängen passen[20], und dafs die durch Fredegar geschilderte Herrschaft der Avaren[21] in ähnlichem Sinne wirken mufste. Aber selbst wenn eine Tradition nicht vorhanden war, so hat Cosmas hier doch mit Bewufstsein Geschichte geschrieben, eventuell eine auch für ihn wohlbegründete Hypothese aufgestellt. Er stellt sich nämlich in einen gewifs nicht übersehenen Widerspruch zu seinen Lieblingsautoren. Die communia conubia finden sich nicht bei Boëtius[22], nicht bei Paulus[23]. Ganz anders schildert Justinus die Eheverhältnisse der Skythen[24]. Auch Regino[25], der den Justinus und teilweise auch den Paulus Diaconus abschreibt, hat von solchen Sachen nichts. Durch die Worte „more pecudum" fällt Cosmas aus dem panegyrischen Ton des Justinus oder gar des Boëtius[26] vollständig heraus. Er spricht hier also seine historische Überzeugung aus, abweichend von den ihm geläufigen Lieblingsschriftstellern. Und diese Überzeugung ist inhaltlich, objektiv, wie eingehend ausgeführt werden soll, sehr gut haltbar.

---

[20] Vgl. die Amazonensage, das „ehelose" Leben der Töchter des Krak, die Heimführung des Mannes durch die Frau in der Ehe Lubossas mit Przemysl, die Eheangelegenheit Břetislaw-Božena, die Dekrete Břetislaws. Über alles dies unten § 4.

[21] Fredegar, Chronica IV, 48 M. G. Script. rerum Merovingicarum II S. 144. Siehe unten § 2 Anm. 10 ff.

[22] Vgl. Consolatio philosophiae II, 5.

[23] Vgl. Paulus Diaconus, Scriptores Rerum Langobardicarum saec. VI—IX ed. Waitz 1877 lib. I c. 1.

[24] Justinus lib. II c. 2: Uxores liberosque secum in plaustris vehunt, quibus coriis imbrium hiemisque causa tectis pro domibus utuntur.

[25] Zu 889. M. G. SS. I S. 599 f.

[26] Palacky, Würdigung S. 22, bemerkt richtig, dafs ein wesentlicher Unterschied zwischen Reginos kriegerischen Nomaden und des Cosmas idyllisch lebenden Urböhmen stattfinde, übersieht aber, dafs das Idyllische in der Schilderung der Urzustände sich eigentlich an Boëtius anlehnt.

Aber auch die übrigen Angaben des Chronisten über das goldene Zeitalter sind nicht unbedingt von der Hand zu weisen. Auch sie sind mindestens gute Hypothesen des Chronisten. Zwar stimmen ganze und wesentliche Stücke wörtlich mit Justinus, Boëtius, Regino überein[27]. Dazu kommen handgreifliche Konstruktionen und poetische Ergüsse des Chronisten selbst[28]. Trotz alledem möchte ich glauben, dafs auch hier ein sagenhaft-historischer Kern zu Grunde liegt. Beachtenswert ist schon, dafs Cosmas nicht einseitig den Justinus oder den Boëtius abschreibt, sondern dafs er beide kompiliert. Noch gewichtiger sind die inneren Gründe. Die Wirtschafts- und Eigentumsverhältnisse, wenn auch in starker Anlehnung an Boëtius und namentlich Justinus erzählt, sind im ganzen richtig geschildert[29]. Dasselbe gilt von der Friedfertigkeit[30], wenn sie auch gewifs zu idyllisch ausgemalt ist. Hätte Cosmas für Böhmen eine derartige Heldensage vorgefunden, wie sie z. B. die Germanen aufweisen, so hätte er nimmer einen solchen Friedenszustand als die Urzeit seines Volkes schildern können. Auch unterläfst es der Chronist durchaus nicht, gelegentlich Helden, Wlastislaw, Tyro — und zwar, wenn sie seiner Nation angehören, wie Tyro, sympathisch — zu schildern. Der Mangel einer uralten Heldensage spricht aber dafür, dafs der ganze Sinn des Volkes nicht auf Heldentum, sondern auf friedliche Ideale gerichtet war. Dafs aber eine Heldensage infolge mangelhafter Organisation des Volkes sich nicht ausgebildet hätte oder untergegangen wäre, wie A. Brückner meint[31], ist mir nicht sehr wahrscheinlich. Ein heroisches Zeitalter hätte eben festere Organisationen geschaffen. Die Erinnerung an die Avarenzeit ist denn auch thatsächlich nicht vollständig verschwunden. Der Gedanke an die Bedrückungen lebt bekanntlich in dem Worte obr (der Riese) fort. Die Wandlungen aber, welche das Ringen mit den Avaren hervorgebracht hat, sind aus der Sage recht deutlich herauszuspüren; man braucht eben nur in Rechnung zu setzen, dafs die friedliche Disposition des Volkes jahrhundertelang daran gemodelt hat, und dafs der Hauptheld, Samo, nicht national war. Endlich kommt es auch in Böhmen zu einer nationalen Heldensage; das ist die Sage von Wlastislaw und Tyro. Das alles beweist wohl genügend, dafs der geschicht-

---

27 Vgl. die Nachweisungen in den Ausgaben und bei Loserth, Studien zu Cosmas von Prag, im Archiv für österreichische Geschichte Bd. 61 (1880) S. 1 ff. Auf die Benutzung des Regino verweist schon Dobner II 28.

28 Z. B. ad instar monasticae vitae. Oder ad stabula | non erant repagula.

29 Vgl. unten § 3 Anm. 1 ff.

30 Vgl. unten § 10 Anm. 8 ff.

31 O. Piaście, Abhandlungen der Krakauer Akademie der Wissenschaften, 1898, S. 312.

lichen Entwicklung heroischer Zeiten auch die Entwicklung der Heldensage auf dem Fuſse folgte, und berechtigt daher zu dem Rückschluſs, daſs die vorhergehende Zeit mit ihren friedlichen Erinnerungen nicht heroisch, sondern eminent „friedliebend“ war.

Die Existenz eines „goldenen“ Zeitalters wird ferner gestützt durch den weniger anfechtbaren Charakter der späteren Zustände, deren Grundzug eine ganz auffallende Friedfertigkeit bildet. Weder Krok noch Lubossa haben einen Zug ins Heldenhafte, Neklan ist sogar feig und wird trotzdem nicht abgesetzt.

Dazu kommt, daſs ja auch die Griechen von einem goldenen Zeitalter ihres Volkes zu erzählen wuſsten [32], und daſs selbst bei den kampflustigen Germanen uralte relativ friedliche Zustände nicht unwahrscheinlich sind [33].

Auf das goldene läſst Cosmas ein rauheres Zeitalter, das des Eigentums, folgen [34]. Auch hier ist Boëtius benutzt. Nichtsdestoweniger ist auch diese Wandlung nicht erdichtet. Die Übereinstimmung mit Boëtius erstreckt sich bloſs auf die Thatsache, daſs auf eine im Wesen friedliche, eigentumslose Periode eine Zeit von Eigentum und Streit gefolgt sei [35]. Solches ist aber innerlich durchaus gerechtfertigt [36]. Auch enthält die Darstellung des Cosmas hier bereits so viele originelle Züge, daſs an der sagenmäſsigen Echtheit des Inhalts nicht zu zweifeln ist. Die Schichtung des Volkes in generationes, tribus, plebes, populus, die Bildung von Vorstandschaften ist unanfechtbar.

Dasselbe gilt von dem weiteren Verlauf der Sage. Auch dieser ist voll von Lesefrüchten und poetischen Versuchen des

[32] Hesiod, Ἔργα καὶ ἡμέραι, Vers 90 ff. Vgl. dazu die feine litterarhistorische Darstellung (E. Hübner) Das goldene Zeitalter, Berlin 1879, wo S. 29 f. die weitere Litteratur verzeichnet ist. Vielleicht führen auch hier die Versuche, der Sage einen historischen Kern abzuringen (so namentlich C. F. Hermann und F. Bamberger), zu einem Erfolge. Es wäre wohl denkbar, daſs, nachdem das goldene Geschlecht (zum silbernen) entartet ist, von auſsen her ein ehernes Geschlecht eindringt und sich an dessen Stelle setzt. Den ziemlich naheliegenden weiteren Schritt nach der Geschichte hinüber wage ich nicht selbst zu tun. Über die Sorglosigkeit der Naturvölker vgl. allgemein A. Vierkandt, Naturvölker und Kulturvölker S. 260 ff.; K. Bücher, Die Wirtschaft der Naturvölker S. 8.

[33] Vgl. unten § 10 Anm. 33 ff. Über die germanische Freiheit vgl. z. B. W. Sickel, Der deutsche Freistaat S. 6 ff.

[34] I, 3. Proh dolor! prospera in contraria, communia in propria cedunt u. s. w.

[35] Schon der Standpunkt der beiden Schriftsteller ist verschieden. Boëtius, Consolatio philosophiae II 5, will beweisen, daſs Reichtum sehr häufig schädlich sei. Die Schilderung ist ihm Mittel zum Zweck. Umgekehrt ist bei Cosmas die historische Erzählung Hauptsache, und erst daran hängt er seine moralischen Glossen.

[36] Vgl. § 3 Anm. 18 ff.

Chronisten; aber es ist nicht zu bezweifeln, dafs hier in allem Wesentlichen echte Volkssage vorliegt[37]. Die kritische Würdigung der Einzelheiten, die nun im folgenden geboten wird, zeigt, dafs der Sageninhalt ernste wissenschaftliche Beachtung verdient, sowohl vom historischen als vom juristischen und überhaupt sozialwissenschaftlichen Standpunkt aus.

§ 2.

Die Datierung der Sage.

Die bisherigen Auseinandersetzungen ergeben eine ziemliche Vertrauenswürdigkeit des Cosmas und der Sage. Die Einzelausführungen über die sozialen Verhältnisse werden dies noch mehr bestätigen. Das ganze Bild gewinnt aber noch besonders an Festigkeit durch den Umstand, dafs sich der Sageninhalt ganz gut datieren läfst. Bekanntlich bietet Cosmas eine Stammtafel, welche Bořiwoj mit Przemysl verknüpft[1]. Legt

---

[37] Selbst Bachmann, Mitt. d. Inst. f. öst. G.-F. XX (1899) S. 44 ff., erkennt der Libussa-Przemysl-Sage und der Neklansage erhöhten historischen Wert zu. Bei der Amazonensage verwirft er — wie gezeigt werden soll, mit Unrecht — ohne jede Begründung, unter blofser Verweisung auf den Namen der Mädchenburg, Diewin, den eigentlichen sachlichen Inhalt.

[1] I, 9: Premizl iam plenus dierum . . raptus est ad Cereris generum. Cui Nezamizl successit in regnum. Hunc ubi mors rapuit, Menata principales obtinuit fasces. Quo decendente ab hac vita Vogen suscipit rerum gubernacula. Huius post fatum Unezlau rexit ducatum. Cuius vitam dum rumpunt Parcae, Crezomisl locatur sedis in arce. Hoc sublato e medio, Neclan ducatus potitur solio. Hic ubi vita decessit, Gostivit throno successit . . . I, 10 Gostivit autem genuit Borivoy. Die sagenhaften Fürsten nach Przemysl sind in der poetischen Ausführung (vgl. Loserth im Archiv f. österr. Geschichte 64 [1882] S. 37) blofs als dessen Nachfolger, nicht auch als dessen Deszendenten erwähnt. Das hindert nicht, dafs sie das letztere thatsächlich sind. Vgl. etwa den Auszug aus Cosmas, Fontes Rerum Bohemicarum II S. 369, wo auch noch Bořiwoj und die folgenden Fürsten blofs als Nachfolger und nicht als Deszendenten ihrer Vormänner angeführt werden. Dafs es sich um irgend eine Art von Erbfolge handelte, ist zweifellos; arg. Krok-Lubossa, ebenso Gostivit-Bořiwoj und die Folgenden, ferner auch Cosmas I, 13 „filium herilem“ der Luczanen. Die Hradisch-Opatowitzer Annalen (Fontes Rerum Bohemicarum II S. 386) haben ein Deszendenzverhältnis bis auf Bohemus hinauf: Crhoko, qui et ipse a primo nomine Boemus . . originem duxit; und vorher: Borivoi . . patris nomine Goztivit filius, qui originem duxit a Premizl; dann nachher: Ille quidem ut iam dicere cepimus, Borivoi a Goztovit, Gostovit a Neklan, Neklan a Crezamizl, Crezamizl ab Unezlau, Unezlau a Vogen, Vogen a Mnata, Mnata a Nezamizl, Nezamizl a Premizl. Ob Crhoko zu Bohemus in einem Deszendenzverhältnisse steht, ist nach der Cosmasschen Fassung, wenn auch nicht ausgeschlossen, so doch zweifelhaft. Ob die sagenhaften Nachfolger Przemysls zu einander in direktem Deszendenzverhältnisse stehen, wie es die angeführten Annalen wollen, kann dahingestellt bleiben. Die Vermutung, dafs sie wenigstens aufeinanderfolgenden Generationen angehören, ist mit Rücksicht auf die Resultate, die sich dabei ergeben,

man an diese Stammtafel den üblichen Generationenmafsstab an[2], so fällt Neklan etwa in die Zeit Karls des Grofsen, Przemysl in die Zeit des geschichtlichen Samo, Krak einige Zeit vorher. Es ist schon durch von Gutschmid die Behauptung aufgestellt, dafs der böhmische Przemysl und Samo identisch seien[3]. Eine methodische Untersuchung soll zeigen,

---

wohl nicht allzu gewagt. Daher scheint mir die Bemerkung von Palacký, Dějiny I, 1, 103 f., dafs hier auch eine blofse Thronfolge vorliegen könne, wo event. Brüder oder Oheime in kürzeren Zeiträumen aufeinander folgen, nicht allzu schwer ins Gewicht fallen. Dümmler, De Bohemiae condicione S. 5, erklärt den Stammbaum für Tradition.

² Das ist im ganzen wohl zulässig. Von Samo wissen wir, dafs er 35 Jahre regiert hat. In das zehnte Jahrhundert fallen die drei Generationen: Wratislaw I. († 920), Wenzel der Heil. — Boleslaw I. († 967) und Boleslaw II. († 997). In das elfte Jahrhundert Boleslaw III. — Jaromir — Udalrich, Brzetislaw I. und Spitihněw II. — Wratislaw II. († 1092). Ebenso drei Generationen in das zwölfte Jahrhundert. In das dreizehnte Jahrhundert fallen Przemysl Ottokar I. († 1230), der stark noch in das XII. Jahrhundert hineinreicht, ferner Wenzel I. († 1253), Przemysl Ottokar II. (gefallen 1278) und Wenzel II. (beim Tode seines Vaters 7 Jahre alt, † 1305). Auch J. Lippert, Sozialgeschichte Böhmens I, 128 f., ist geneigt, hier „nach Art der Chronisten eine Generationenzeit durchschnittlich zu 30 Jahren zu rechnen“. Er zieht aber keine Konsequenzen daraus.

³ A. v. Gutschmid, Kritik der polnischen Urgeschichte des Vincentius Kadlubek, im Archiv für Kunde österreichischer Geschichtsquellen, Bd. 17 (1857) S. 297 ff. und 324 f., gelegentlich seiner auf Ossolinski und Lelewel (bei Linde, Vincent Kadlubek, Warschau 1822) zurückgehenden Ausführungen, dafs der polnische Lestko mit Samo identisch sei. Seine Argumente für die Gleichung Przemysl = Lestko = Samo sind: die Übereinstimmung der Zeiten, Gründung eines Reichs in Böhmen, unbedeutende Herkunft, die List, endlich die Vielweiberei. Von der Verquickung mit der polnischen Sage bei Kadlubek soll hier gänzlich abgesehen werden. Sie hat übrigens v. Gutschmid auf Abwege geführt. Der polnische Krakus kann nicht mit dem böhmischen Krak ohne weiteres identifiziert werden, wie v. Gutschmid S. 320 will. Skalla, im Programm der Realschule zu Znaim, 1889, S. 16 ff., wiederholt blofs die Ausführungen v. Gutschmids. Ganz konfus ist Krause, Forschungen auf dem Gebiete der deutsch-slavischen Geschichte, im Programm des Gymnasiums in Schrimm, 1884, S. 12 f. A. Bachmann, Geschichte Böhmens S. 88, 112, lehnt die Verbindung der vorhandenen Sage mit der vorhandenen geschichtlichen Überlieferung ab; „die Erinnerung an die Zustände und Geschicke Böhmens in den langen Jahrhunderten der fränkischen und karolingischen Zeit (600—900) sei erloschen gewesen“. So auch sehr energisch Höfler, Wiener S.-B., 1880, S. 832 („Spielerei und keine Geschichte“ [?]). Ebenso J. Lippert, Sozialgeschichte Böhmens I 128 f.: „Unser ältester Chronist (will) mit seinen 10 aufeinander folgenden Herzogen von seiner ersten Datumsangabe an (894) offenbar bis in den Beginn des VII. Jahrh. zurückreichen; aber von Samo und seiner grofsen Zeit weifs weder er noch irgend eine andere Quelle des Landes.“ Vielleicht erhöht es die Vertrauenswürdigkeit der obigen Ausführungen, wenn ich bemerke, dafs sich mir die dort vertretene Datierung samt deren Begründung ganz selbständig ohne jede äufsere Anregung ergeben hat. Fr. Nerad, Programm der Realschule in Teltsch, 1895/96 (czechisch), erklärt, die Hypothese Gutschmids habe viel für sich, aber wir könnten nicht mit Gewifsheit annehmen, dafs die Nachfolger Przemysls histo-

dafs die mit Hilfe der Stammtafel gewonnene Datierung des Sageninhaltes in vollem Umfang stichhaltig ist[4].

Was zunächst Przemysl betrifft, so ist zu konstatieren, dafs er aus der Fremde stammt, in friedlicher Weise, durch Heirat, unter Zustimmung des Volkes zum Haupt des czechischen Volkes erhoben wird[5], dafs er dort eine ganz neue und zwar, trotz seiner angeblich slavischen Abstammung, unslavische Umwälzung aller Dinge hervorbringt[6]. Durch den Przemysl „von Staditz" scheint auch die noch später, unter Neklan, her-

---

rische Persönlichkeiten und nicht mythisch seien, wie Krok und seine Töchter. Ich glaube, auch die sind nicht mythisch, sondern allenfalls sagenhaft (vgl. oben § 1) zu fassen. — Über ältere Datierungen vgl. den Exkurs am Ende dieses Paragraphen.

[4] Die ältere böhmische Geschichtschreibung versucht es, die Lücke in den geschichtlichen Berichten zwischen Samo und der karolingischen Zeit resp. Bořiwoj und seinen Nachfolgern durch die Figuren der Sage auszufüllen. Pelzel, Nowá kronyka czeská (1791), datiert die Einwanderung in das Jahr 500, Samo 624—658, Krak 670, Przemysl 700—750, den Kampf mit den Luczanen 830. Gebhardi, Geschichte aller wendisch-slavischen Staaten Bd. 2 (1793) S. 356, datiert: Czech, Samo, Krak, Przemysl und erklärt, dafs die sagenhaften Nachfolger Przemysls zu den Berichten der fränkischen Annalen über die Karolingerzeit nicht passen. Palacky, Dějiny I, 1, 89, setzt — eigentlich Dobner folgend — die „Eroberung" Böhmens unter Czech in das Jahr 451, verlegt a. a. O. I, 1, 103 Krak als Sohn oder Enkel Samos in die zweite Hälfte des VII. Jahrhunderts und a. a. O. I, 1, 108 Przemysl in das erste Viertel des VIII. Jahrhunderts. Ähnlich Šafařík, Slavische Altertümer II, 420 f. Tomek, Časopis Českého Musea 1857 S. 215, und Děje království Českého, 1891, S. 12 f. Mit Recht wendet schon v. Gutschmid a. a. O. ein, man begreife dann nicht, warum die Sage blofs die schwachen Erben Samos und nicht ihn selbst verherrlichen wolle. Dafs eine solche Datierung entwicklungsgeschichtlich geradezu unmöglich sei, wird aus dieser Abhandlung wohl genügend klar werden. Die Sage bietet das jedem Rechtshistoriker schon an sich plausible Anwachsen von immer strammeren und höheren Organisationen. Samo vor Krak ist ein in die Augen fallender Anachronismus. Betreffend die „Eroberung" Böhmens vgl. unten § 10 Anm. 8. — Bachmann, Beilage zur „Bohemia", 1893, Nr. 117, findet mit Rücksicht auf die Vereinigung, die durch die Przemysl-Sage repräsentiert wird, es „kaum möglich, die Eroberung (? vgl. unten Anm. 5) der Mitte des Landes durch die Przemysliden von der Bila auch nur bis ins Jahr 800 zurückzurücken." Er übersieht also die Einigung unter Samo.

[5] Cosmas I, 5—8. Vgl. unten § 8 Anm. 36 ff., § 10 Anm. 19. Lippert, Soz.-Gesch. Böhm. I, 115 f., vermutet, dafs hier blofs die Begründung eines Konnubialverbandes zwischen den beiden Stämmen zu Grunde liegt, und dafs Cosmas alles übrige „substruiert" habe. Das scheint mir eine ziemlich willkürliche und gewalttätige Interpretation. Ein ähnliches Einheiraten siehe Origo gent. Langobardorum c. 4: Et venit cum Theudelenda frater ipsius nomine Gundoald, et ordinavit eum Autari rex ducem in civitatem Astense. Dafs Przemysl eine siegreiche Unterwerfung des Czechengaues durch den stärkeren Nachbarstaat an der Bila und Eger repräsentiere, wie Lippert a. a. O. und Bachmann, Beilage zur Bohemia, 1893, Nr. 117 und Geschichte Böhmens 116 will, findet in der Quelle gar keinen Anhalt. Vorsichtiger drückt sich Bachmann aus Mitt. d. Inst. f. öst. G.-F. XX (1899) S. 45.

[6] Cosm. I, 5, 8. Vgl. auch noch unten § 7 Anm. 25 ff.

vortretende Verbindung des Gaues Belina, vielleicht auch Lutomerici, angebahnt zu sein[7]. Das ergibt schon ein ganz flüchtiger Blick auf die Sage. Es wird bei den Einzelausführungen noch mehr hervortreten.

Das alles stimmt aber auffallend zur Person Samos, wenn man sich nur gegenwärtig hält, dafs Przemysl im Nebel der Sage, Samo im Lichte ausgebildeter fränkischer Geschichtschreibung überliefert ist. Auch Samo ist ein Fremder[8]; der Schwerpunkt seines Reichs aber ist Böhmen[9]. Seine Heiraten mit wendischen Frauen hebt der Chronist besonders hervor[10]. Vielleicht hat er in dieser Weise sein Einigungswerk besonders gefördert. Jedenfalls gelangt Samo in friedlicher Weise, durch Wahl des Volkes, nicht durch Eroberung, zu seiner Stelle[11]. Das, was Samo bei den Wenden einführt, die höhere Organisation, ist etwas durchaus Neues, Unslavisches. Die ganze Zeit des Samo, die Zeit der Kämpfe, namentlich mit den Avaren und Franken, bekommt einen kriegerischen Zug, ganz ähnlich, wie es in der Sage von Przemysl durchschimmert. Selbst Einzelheiten stimmen überein. Die militärischen Regungen setzen nach Fredegar schon vor Samo ein; dieser gibt ihnen blofs Form und feste Ausgestaltung[12]. Auch in der Sage läfst Cosmas den die Fürstin Lubossa schmähenden Grofsen sagen, für milites sei ein Weiberregiment unerträglich[13], — eine Auffassung, die zu den bis dahin herrschenden Verhältnissen in starkem Widerspruch steht[14]. Przemysl bringt dann die neuen Keime zur Entfaltung und solider Kräftigung.

Die Unterschiede zwischen dem Przemysl der Sage und

[7] Vgl. unten § 9 Anm. 10 ff.

[8] Vgl. namentlich Büdinger, Österreichische Geschichte I, 75, und Bachmann, Gesch. Böhmens S. 85 f. Er ist natione Francus. Die fränkische Abstammung Samos wird auch von gewifs unvoreingenommener, czechischer Seite zugegeben. Vgl. J. Goll, Samo und die karantanischen Slaven, Mitt. d. Inst. f. öst. Gesch.-Forsch. XI (1890) S. 443 ff. Weitere Litteratur über Samo: Nerad, Progr. d. Realschule Teltsch, 1896.

[9] Dafür auch Goll a. a. O.

[10] Fredegar IV, 48. M.G. Scr. rer. Merov. II S. 144 f.: Samo XII uxores ex genere Winidorum habebat, de quibus XXII filios et quindecem filias habuit.

[11] Fredegar 48 a. a. O.: Cum in exercito Winidi contra Chunus fuissent adgressi, Samo negucians . . cum ipsos in exercito perrexit; ibique tanta ei fuit utiletas de Chunis facta, ut . . . nimia multitudo ex eis gladio Winidorum trucidata fuisset. Winidi cernentes utilitatem Samones eum super se eligunt regem, ubi 30 et 5 annos regnavit feliciter.

[12] Fredegar 48 a. a. O.: Sclavi iam contra Avaris, coinomento Chunis et regem eorum Gagano ceperant revellare.

[13] Cosmas I, 4: Revera (femina) tunc magis est ad accessum mariti apta, quam dictare militibus iura.

[14] Vgl. unten § 4 Anm 23 ff., § 8 Anm. 17 ff., § 10 Anm. 7 ff.

dem Samo der Geschichte müssen von dem Gesichtspunkt aus betrachtet werden, dafs Fredegar vom fränkischen Standpunkt aus, also namentlich von aufsen her, die böhmischen Zustände betrachtet und beschreibt, während die Sage nur das schildern will, was die betreffende Person für das czechische Völkchen, also hauptsächlich nach innen, gewesen ist[15]. Darum erscheint Samo vorzüglich als Anführer nach aufsen, wiewohl er zweifellos grofse innere Reformen gegenüber der slavischen Organisationslosigkeit durchgeführt haben mufs. Darum erscheint Przemysl in erster Linie als Reformator im Innern, wiewohl ihm selbst von der Cosmasschen Sage der Titel dux beigelegt wird. Dazu kommt, dafs der Bericht Fredegars den Vorgängen fast gleichzeitig ist, während die Sage zu Cosmas' Zeiten eine fünfhundertjährige Ummodelung durch den czechischen Volksgeist bereits durchgemacht hatte. Daher ist Samo bei Fredegar Franke, in der Conversio Bagoariorum aus dem neunten Jahrhundert bereits Slave[16]. Daher gilt Przemysl zur Zeit des Cosmas als Bauer κατ' ἐξοχήν, wiewohl er in seiner ganzen Wirksamkeit nicht Bauer ist[17]. Er wird aus der Fremde geholt, gehört also gar nicht den czechischen Grundbesitzern an. Er soll rector werden für milites, dux[18]; sein Name = Prometheus hat gar nichts Bäuerliches an sich; er wird von Cosmas ausdrücklich durch die schlaue Reformthätigkeit, Gesetzgebung seines Trägers erklärt[19]. Die Geschichte von den bäuerlichen Bastschuhen, die zu Cosmas' Zeiten auf Wyschehrad aufbewahrt wurden und von Przemysl herstammen sollen[20],

---

[15] So schon Meinert, Wiener Jahrb. d. Litteratur XV. (1821) A.-Bl. S. 27. Vgl. auch Lippert, Die czechische Ursage S. 3 ff.

[16] Conversio Bagoariorum c. 4 M. G. SS. XI S. 7. „Samo nomine quidam Sclavus manens in Quarantanis." Für Dalemil 5 (Fontes Rerum Bohemicarum 3, 13) ist Przemysl sogar ein „chłap" und, die ihn holen, „páni". Vgl. auch Dalemil 6 Vers 8, 11.

[17] Vgl. auch A. Brückner, O Piaście, Rozprawy der Krakauer Akademie, 1898, S. 312, 313. Das Bauernmotiv kehrt in der polnischen Sage wieder. Dort besteht der historische Kern darin, dafs der Sohn eines pauperculus agricola vom Fürsten in besonderen Hofdienst genommen wird und von dieser Stellung aus das Herrscherhaus stürzt. Vgl. unten § 10 Anm. 28 f.

[18] Cosmas I, 4, oben Anm. 13 und die Fortsetzung der Stelle: Nos solos obprobrium nationibus et gentibus destituit natura, quibus deest rector et virilis censura. I, 5: ducem sibi poscunt dari. I, 6: Te ducem .... te rectorem .. eligimus.

[19] Cosmas I, 5 a. E.: Viro nomen est Premizl qui super colla et capita vestra iura excogitabit plura; nam hoc nomen latine sonat praemeditans vel superexcogitans. Vgl. auch I, 8. An einer anderen Stelle, I, 6, wird Przemysl als Zauberer und Seher geschildert: Vir prudens; quasi futurorum inscius (praescius), der das Ochsengespann verschwinden läfst.

[20] Cosmas I, 7. ... Ascendit equum arator; tamen suae sortis non immemor, tolit secum suos coturnos ex omni parte subere consutos, quos fecit servari in posterum, et servantur Wissegrad in camera ducis usque hodie et in sempiternum.

ist nur ein Produkt der Sagenbildung des bäuerlichen Czechenvolks, offenbar ebenso wie die Fabel von dem bäuerlichen Vorleben des Fürsten. Dafs Przemysl die siegreiche Revolution des bis dahin niederen Bauernstandes gegen den Hirtenadel darstellen sollte[21], ist ausgeschlossen. Der Anstofs zu der Umwälzung geht wohl von dem Prozefs der zwei Bauern[22] vor Lubossa aus, aber diese Bauern sind ausgesprochene Adlige[23]. Aufserdem ist der ganze Vorgang nicht revolutionär, sondern reformatorisch; er ist im Wesen friedlich und behält die alten Obrigkeiten bei; ja, es unterwirft eher die höchste Gewalt die geringeren und namentlich das Volk[24]. Wohl aber reflektiert sich das Fortschreiten des Ackerbaus gegenüber der Viehzucht insofern, als die Gesamtstimmung der Ackerbauer im ganzen mehr für Recht und Krieg veranlagt ist als die der Hirten[25].

Nach diesen Ausführungen ist es wohl nicht allzu gewagt, darauf hinzuweisen, dafs selbst rein zufällige Details bei Samo und Przemysl übereinstimmen. So das hohe Alter, das beide erreicht haben[26]. Ja, selbst den Namen des Samo kann man aus der Erzählung des Cosmas herauslesen. Das slavische[27]

---

[21] J. Peisker, Die österreichische Wirtschaftsgeschichte und ihr wichtigster Behelf, die Katastralkarte, in den Mitteilungen der anthropologischen Gesellschaft in Wien. Sitzungsberichte 1897, Bd. XXVII, N. F. XVII S. 1 ff., 5, und Východisko Meitzenova líčení agrárních dějin germánských a slovanských (S.-A. aus Český Časopis Historický), 1898, S. 23 ff. Die Theorie der Bauernrevolution hat von Peisker P. Puntschart, Herzogseinsetzung und Huldigung in Kärnten, 1899, S. 204 ff., übernommen. Auch Lippert, Soz.-Gesch. Böhm. I, 115, betont die Bauernqualität Przemysls. — Vgl. hier auch noch Grimm, R.-A. 1, 362 und 536. Gegen die bezüglichen Ausführungen Peiskers und Puntscharts erklärt sich ganz allgemein auch Rachfahl in Conrads Jahrb. f. Nat.-Ök., 1900, S. 202 ff., 209 f.

[22] Dafs es sich um Bauern handelt, ergibt das Streitobjekt: orta est . . . litigio agri contigui de termino, Cosmas I, 4.

[23] Opibus et genere eminentiores et qui videbantur populi esse rectores. Vgl. auch noch unten § 7 Anm. 27 ff.

[24] Näheres vgl. unten § 7 Anm. 29 ff.

[25] Vgl. Grofs, Formen der Familie, S. 97, und die Ausführungen unten zu § 10 Anm. 40.

[26] Samo regierte 35 Jahre: Fredegar c. 48. Von Przemysl heifst es bei Cosmas I, 9: plenus dierum postquam iura instituit legum raptus est ad Cereris generum.

[27] Die Versuche, den Namen Samo als germanisch zu erklären (vgl. namentlich bei Büdinger, Geschichte Österreichs I 76), sind wohl verfehlt. Für slavisch erklärt den Namen Schaffařik, Slavische Altertümer II, 418 Anm. 1. Palacky, Dějiny I, 1, 94. Bachmann, Geschichte Böhmens S. 86. Eine andere Deutung des Namens Samo (als Solus) wäre möglich auf Grund der Wurzel sam, siem-, siemo = familia; vgl. A. Brückner, O Piáscie a. a. O. S. 317 ff., über den polnischen Semowit. Diese Ableitung würde der des deutschen Wortes König von Künne (vgl. Brunner, R.-G. I, 121) entsprechen. Doch pafst sie gerade auf den historischen Samo nicht besonders. Dafs der Name Przemysl direkt durch Übersetzung von Prometheus durch Cosmas entstanden sei, wie Lippert, Soz.-Gesch. Böhmens I, 115, will, ist mir

Wort Samo bedeutet solus. Gerade diese Qualität aber liebt Cosmas bei seinem Przemysl besonders hervorzuheben. Te solum nobis in dominum eligimus sagen die Boten zu Przemysl [28]. Und der Chronist selbst schliefst seine Charakteristik der Regierung Przemysls mit den Worten: iura quibus haec terra utitur solus cum sola Lubossa dictavit [29]. Solus und Samo [30] bedeuten die Quintessenz der Tätigkeit des fränkischen Kaufherren und des stammfremden tschechischen Staatsoberhauptes. An die Stelle einer nur schwach organisierten Vielherrschaft tritt eine einheitliche Centralgewalt [31].

Auch die nachprzemyslidische Zeit stimmt mit der nachsamonischen völlig überein. Beide sind charakterisiert durch den Verfall der grofsartigen Schöpfung Przemysl-Samos. Cosmas schildert die Nachfolger Przemysls in durchaus nicht schmeichelhafter Weise. Sie haben dem Bauche gefröhnt und nichts geleistet, was der Erinnerung würdig wäre [32]. Erst die Regierungszeit Neklans [33] bringt wieder — und zwar sehr beachtenswerte — Ereignisse. Neklan fällt nach unserer Stammtafel in die Zeit Karls des Grofsen [34]. Es ist verblüffend, wie die Ereignisse der Neklansage mit den Unternehmungen des Kaisers gegen Böhmen in den Jahren 805 (und 806) zusammenstimmen [35]. Nach der

---

sehr zweifelhaft. Führt doch Lippert selbst einen Fall der Anwendung des Namens von c. 1086 an.

[28] Cosmas I, 6.

[29] Cosmas I, 8.

[30] Cosmas liebt solche Spielereien. Über Przemysl vgl. oben Anm. 19. Wenzlaw = Maior gloria, Wojtěch = Exercitus consolatio: Cosmas I, 9. Oder I, 21: secundus Boleslaus dux nulli probitate secundus.

[31] Näheres unten § 7 Anm. 26 ff.

[32] Cosmas I, 9 a. E. Ventri et somno dediti, inculti et indocti assimilati sunt pecori, quibus profecto contra naturam corpus voluptati anima fuit oneri. Über die nachsamonische Zeit vgl. Palacky, Dějiny I, 1, 108 ff. Büdinger, Österreichische Geschichte S. 76. Dümmler, De Bohemiae condicione Carolis imperantibus (1854) S. 78. Brückner, O Piaście, a. a. O. S. 134, erklärt die Namen der böhmischen Fürsten zwischen Przemysl und Spytihniew für erdichtet.

[33] Cosmas erwähnt Neklan in der Stammtafel (I, 9) und bringt dann (I, 10 ff.), wiewohl schon bei Bořiwoj angelangt, die Neklansage als besonderes Einschiebsel.

[34] Tomek, Časopis Českého Musea, 1858, S. 52 f., sieht in dem Kampf zwischen Wlatislaw und Neklan einen Zwist unter den Gliedern der fürstlichen Familie und verlegt ihn in die Zeit Ludwigs des Frommen. Es ist nicht ausgeschlossen, dafs Wlatislaw und Neklan durch Przemysl irgendwie verwandt waren. Aber ein harmloser Familienzwist ist der grofse Kampf, dessen Erinnerung sich Jahrhunderte lang in der Sage erhalten hat, gewifs nicht gewesen. H. Jireček, Recht I, 75, verlegt das Unternehmen Wlastislaws gegen Neklan in das zweite Viertel des IX. Jahrhunderts.

[35] Über den karolingischen Zug nach Böhmen vgl. E. Mühlbacher, Regesten der Karolinger, 2. Aufl., S. 185 nr. 411 (404) b; E. Mühlbacher, Geschichte der Karolinger, 1896, S. 219 und Bachmann, Geschichte Böhmens S. 91. — Beachtenswert ist, dafs bei Hagek der

Sage[36] erfolgt ein Stofs des westböhmischen, um das spätere Saaz herum gelegenen Reiches der Luczanen gegen das zentrale Czechien und die Gaue Belina und Lutomerici. Die Boëmi verhalten sich defensiv. Es kommt zu einem grofsen Treffen bei Tursko, in der Nähe der Elbe, bei dem ein besonders hervorragender Held, Tyro, fällt. Nichtsdestoweniger

---

karolingische Feldzug von 805/6 in reicher Ausschmückung in die Jahre 820 ff. geraten ist; vgl. Dobner II, 485 f. Die Rolle des Lecho spielen teilweise Kadanus und Bozdiechus. Der letztere ist namentlich Vertreter des Czechenfürsten Wogen, der aus Staatsraison bestimmt wird, an dem Treffen nicht teilzunehmen, sondern nach Hause zurückzukehren. Die Wlastislaw-Neklansage bringt Hagek in der ihm eigenen Verarbeitung bei den Jahren 851 ff., speziell das Haupttreffen bei 869. Auch Hagek sind die Reibungen mit den Germanen das treibende Moment für das Drängen Wlatislaws gegen den Osten. Kuthen (1533) erklärt die Luczanen geradezu für Deutsche; vgl. unten § 8 Anm. 73. Über sonstige Datierungen der Neklansage mit Rücksicht auf den karolingischen Feldzug von 805/6 siehe den Exkurs am Ende dieses Paragraphen. Eine eigentümliche Datierung nimmt Lippert, Mitt. f. Gesch. d. Dtsch. in Böhmen XXIX, 123 f., vor. Er sieht in dem 805 gefallenen Becho-Lecho einen Vorgänger des Luczanerfürsten Wlastislaw, und findet, dafs dieser in der Sage keine Aufnahme gefunden hätte. Einen Grund hierfür gibt es nicht. Das Ganze beruht blofs auf der falschen Lokalisierung der Sage durch Lippert; vgl. hierzu unten Anm. 37. Durch solche Willkürlichkeiten gerät alles ins Schwanken. S. 130 f. a. a. O. fafst Lippert den Neklan sogar als Borziwoj und erklärt den endlichen Sieg des Neklanschen Stammes über die Luczanen als den Sieg des von Mähren protegierten Borziwoj über das frankenfreundliche Westböhmen.

36 Cosmas I, 10: tempore ducis Neclan in campo qui dicitur Turzco consertum est (bellum) inter Boemos et Luczanos, qui nunc a modernis ab urbe Satec vocitantur Satcenses... His praefuit dux nomine Wlaztizlaw. — Nam contra Boemos frequenter susceperat bellum, et semper . . praevaluerat, terramque eorum saepe ingressus caedibus incendiis ac rapinis crudeliter devastarat et ipsos populi primates in tantum praesidiis attenuaverat, ut parvo clausi in oppido, quod dicitur Levigradec hostium incursiones timerent oppido. Hic condidit urbem . . in confinio duarum provinciarum Belina et Lutomerici, et posuit in ea viros iniquos ob insidias utriusque populi, quia hii adiuvabant partes Boemorum. — — exaltatum est cor ducis . . ut mente feroci exardesceret omnem Boëmiam ad obtinendum. — — (I, 11) . . At contra Boemis resistre non valentibus . . (I, 12) . . Tyro wird mit der Führung der böhmischen Scharen betraut. Ventum erat ad campum ab utrisque exercitibus condictum (vgl. über derartige Abmachungen Weinhold, Beiträge zu den germanischen Kriegsaltertümern, Berliner S.B. 1891, S. 550 ff.); sed prius Boëmi praeoccupant collem in medio campo eminentem, unde et hostes praeviderent adventantes, et . . concionaretur ad milites Tyro: . . . nos pro patria dimicamus . . . . Interea dux Lucensis . . ut vidit hostes non cedere loco . . his dictis acuit animos suorum: O miserabiles . . . frustra prendunt colles, quibus desunt vires et bellicae artes, nec iuvat collis, si est virtus debilis. Cernitis, quia in planis vobis non audent occurrere campis, nimirum si non fallor, iam fugere parant. Sed vos priusquam fugiant irruite super eos inpetu repentino . . . Dann weiter: ruit . . Tyro in confertissimos hostium cuneos . . . donec plenus astilibus . . super magnam struem occisorum cecidit. — — Boemi potiti sunt triumpho u. s. w.

endet die Geschichte mit einem Erfolge der Boëmi. Nach den Berichten der fränkischen Annalen[37] erfolgt der Vorstofs Karls des Grofsen im Jahre 805 von der Saazer Gegend aus. Die Böhmen verhalten sich defensiv. Das fränkische Heer dringt verwüstend bis über die Elbe hinüber. Ein dux der Slawen, Lecho, fällt. Nichtsdestoweniger endet das Unternehmen ohne bedeutenden Erfolg. Ist die Sage von Wlastislaw und Neklan nicht wieder das innere Gegenstück zu den äufseren fränkischen Berichten? Den Saazer Fürsten Wlastislaw dem karolingischen Unternehmen einzugliedern, fällt wohl nicht schwer. Auch die Verschiedenheit der Namen Lecho und Tyro macht nicht viel aus[38].

---

[37] Chronicon moissiacense zu 805 M.G. SS. I, 308. II, 258. Et venerunt ad fluvium qui vocatur Agara (Eger) illi tres hostes insimul (die fränkischen Armeen), et inde venerunt ad Canburg (jedenfalls Kaaden an der Eger, bei Saaz; vgl. Mühlbacher a. a. O.), qui et illum obsiderunt et vastaverunt regionem in circuitu in ista parte Albiae et ultra Albiae. Dazu Annales Laurissenses zu 805 M.G. SS. I 192: Karoli autem regis et principum qui cum eo erant imperio usus, totus ille exercitus ipsam regionem invasit. Sed Sclavi invia et saltus penetrantes se minime ad pugnam praeparaverunt. Vastata autem et incensa per 40 dies eadem regione, ducem eorum nomine Lechonem (ann. Einhardi: „Bechonem") occidit. Et dum nec iam pabula equis aut cibaria exercitui superessent, vastata . . regione ad propria reversus est. — Betreffend das Unternehmen von 806 siehe Ann. Laurissenses a. a. O. S. 193: Missa est manus de Baivaria et Alamannia atque Burgundia sicut anno superiore in terram Beeheim, vastataque terrae non minima portione, absque ullo gravi incommodo regressa. Da das Unternehmen bis jenseits der Elbe sich erstreckt, ist die Deutung Lipperts in den Mitt. f. Gesch. d. Dtsch. in B. XXIX, 121 und Soz.-Gesch. Böhm. I, 135 ff., dafs es sich blofs um einen Konflikt zwischen den Franken und Luczanen handle, ausgeschlossen. Da aber die Operation mit der Belagerung von Kaaden einsetzt, so liegt es nahe, anzunehmen, dafs die Luczanen vom karolingischen Heere bei diesem Vorstofs nach dem Osten zunächst gewaltsam mitgerissen wurden.

[38] Mit beiden Namen ist wohl nicht viel anzufangen. Die älteren Meinungen über den Lecho bei Dobner II, 424 ff. Dieser selbst meint, Lechonem hunc nonnisi Belliducem fuisse supremum, qui diversarum gentium suffragio belli adversus Carolum administrationem cum vitae necisque potestate accepit. Vgl. auch Pubitschka I, 339: „Lecho, oder wer sonst unter diesem Namen verborgen gewesen ist, hat also diesen Krieg für den Neklanus geführt"; im übrigen aber oben Anm. 35. Nach Brandl, Glossarium, 1876, ist Lecho = Teilfürst (?). A. Brückner, O Piaście a. a. O. S. 334 ff., 341 und im Archiv für slavische Philologie Bd. 21 (1899) S. 17, erklärt den Namen überhaupt für keinen Personennamen, sondern für einen Stammnamen. Tyro ist entweder blofs das lateinische tiro, oder von dem Lokale Tursko hergenommen. Über Verballhornungen des Namens in „Sderus, Sclercius, Syderius, Zderus a Cchaynowa, Styrus" siehe Dobner III, 106. Beachtenswert ist, dafs nach Dobner a. a. O. eine Handschrift des XVI. Jahrh. „Lech" hat, wonach schon Dobner die Möglichkeit ableitet, dafs „fortassis traditio haec ad Cosmam usque pervenit a Lechone illo Bohemiae duce, qui a Caroli M. exercitu anno 805 occisus in Eginhardo legitur". Er meint aber, das karolingische Heer sei nicht bis Tursko gekommen, sondern vielleicht sei der Dux verwundet dahin gelangt, dort gestorben und begraben worden.

Ist aber die Datierung der Przemysl- und der Neklansage auf Grund der Cosmasschen Stammtafel richtig, so legt sich auch die Vermutung nahe, dafs der Beginn des Zeitalters des Eigentums, wie es die Sage schildert, in das Ende des sechsten Jahrhunderts fällt, und dafs mit Rücksicht auf Przemysl-Samo die wirtschaftlichen Umwälzungen, die es darstellt, und die sozialen Organisierungen, von denen es ausgefüllt wird, auf Berührung mit den Franken, speciell mit fränkischen Kaufleuten[38a] zurückgehen, während das goldene Zeitalter noch rein slavische Verhältnisse unter awarischem Drucke zeigt.

Die Einwirkung der Avaren[39] darf nicht überschätzt werden. Sie dauerte nur während der Winterszeit. Aufserdem konnte sie bei der schwachen Organisation der Unterdrückten keine allzu schweren Spuren hinterlassen. Formlose Gebilde sind mit Gewalt nicht zu fassen[40]. Erst mit der Zeit fing man an, sich dagegen aufzulehnen[41], ein Kampf, der mit den Mitteln der fränkischen Kultur, allerdings in nationaler Umformung, durchgekämpft wurde. So spielt schon in der Kindheit der Slaven in Böhmen der germanische Geist als Kulturelement eine fundamentale Rolle. Die Atemzüge des germanischen Lebens pflanzen sich wellenmäfsig zu den slavischen Nachbaren fort. Diese Untersuchung hat es mit der merovingischen und karolingischen Welle zu tun.

[38a] Vielleicht hängt der Name Němec mit dem sog. stummen Tauschhandel zusammen. Vgl. über diesen v. Schrader, Linguistisch-historische Forschungen zur Handelsgeschichte und Warenkunde I (1886) S. 11 und desselben R.L. S. 327 f. Vgl. noch unten § 3 Anm. 63. — Auch Stransky, Respublica Bojema V, 3, bringt die Wandlung mit dem Einflufs fremder Kaufleute zusammen, die er allerdings aus Mähren, Norikum und Pannonien kommen läfst.

[39] Fredegar IV, 48: Winidi befulci Chunis fuerant iam ab antiquito, ut Chuni in exercitu contra gentem qualibet adgrediebant, Chuni pro castra adunatum illorum stabant exercitum, Winidi vero pugnabant: si ad vincendum prevalebant, tunc Chuni predas capiendum adgrediebant; sin autem Winidi superabantur, Chunorum auxilio fulti virebus resumebant. Ideo befulci vocabantur a Chunis, eo quod dublicem in congressione certamine vestila priliae facientes, ante Chunis praecederint. Chuni aemandum annis singulis in Esclavos veniebant, uxores Sclavorum et filias eorum strato sumebant; tributa super alias oppressiones Sclavi Chunis solvebant.

[40] Vgl. z. B. die Flucht der Czechen in die Wälder vor dem karolingischen Heer im Jahre 805 Ann. Laurissenses oben Anm. 37. Dasselbe tun die besiegten Luczanen Cosmas I, 13. Für die Germanen vgl. Caesar, B.G. IV, 19. Dazu Weinhold, Berliner Sitzungsberichte, 1891, S. 543 f. Auf der Flucht vor Awaren ist vielleicht auch „Bohemus" mit seinem Gefolge in „Böhmen" eingezogen; vgl. unten § 8 Anm. 1. Dalemil 2 läfst den Czech aus Charvatien vor einer Blutrache flüchten.

[41] Fredegar IV, 48 a. a. O. S. 144: filii Chunorum, quos in uxores Winodorum et filias generaverant, tandem non subferentes maliciam ferre et oppressione, Chunorum dominatione negantes, ut supra memine, ceperant revellare.

Exkurs.

Eine genauere Datierung der Sage setzt frühzeitig ein. Schon die Hradischer Annalen (XII. Jahrhundert) stellen ein ununterbrochenes Deszendenzverhältnis unter den Sagenfürsten bis auf Bohemus auf. Eine Zusammenstellung des XIII. Jahrhunderts (Fontes R. B. II, 370) enthält ein Stück von Argumentationen über die durchschnittliche Dauer der Regierungszeiten von Borziwoj angefangen. Vielleicht sollte eine Grundlage für die beiläufige Datierung der Sage gewonnen werden. Im XIV. Jahrhundert hält Dalemil und Pulkawa an dem Deszendenzverhältnis fest. Dagegen gehen Neplacho und Marignola über jede Datierung dieser Fürsten hinweg. Im XV. Jahrhundert läfst Äneas Sylvius, der auch sonst Dalemil folgt, die Fürsten direkt voneinander abstammen, und seit dem XVI. Jahrhundert etabliert Hagek eine ganz genaue, erdichtete Chronologie, die nur in den einzelnen Positionen gelegentlich bemängelt wird; vgl. z. B. Balbin oben § 1 Anm. 8; Dobner III, 3 und 109; Pubitschka oben a. a. O. Prinzipiell sucht man für jeden Fürsten die Regierungszeit genau anzugeben. Der terminus ad quem ist Borziwoj, der terminus a quo schwankt ungeheuer, je nachdem man die Einwanderung der Czechen festsetzt, zwischen 278 (ja selbst 14) und 645 (ja selbst 814); vgl. Balbin I/VII § 2; Dobner I, 146.

Die Berücksichtigung der Jahreszahlen führte zur Heranziehung der fränkischen Quellen. Dies geschah zunächst aber mehr in der Form einer äufserlichen Nebeneinanderreihung. Hagek hat Samo ganz weggelassen, dagegen die Ereignisse von 805/6 als besonderen Bestandteil seiner Erzählung aufgenommen. Stransky c. 8 § 7 verlegt den Lechus und Stirus in die Zeit Neklans, ebenso verlegt Balbin I/VII No. 1 c. 10 S. 29 den Sstirus de Chegnowa eventuell mit Lechus in dieselbe Zeit. Dobner holt II, 46 ff. den Samo nach und versucht sogar schüchtern III, 106 (vgl. III, 3 und 109) eine Identifizierung des Tyr der Neklansage mit dem Lecho des karolingischen Feldzuges von 805; vgl. oben Anm. 38. Bei Pubitschka fällt Przemysl in dieselbe Zeit wie Samo (I, 248 ff., 255 ff.), aber eine organische Verbindung der bezüglichen Berichte nimmt Pubitschka nicht vor, um so mehr, als er Samo blofs nach Kärnten verlegt. Auch der karolingische Feldzug von 805/6 fällt bei Pubitschka II, 338 f. in die Regierungszeit Neklans. Doch auch hier kombiniert Pubitschka die Nachrichten nicht, sondern verlegt die Kämpfe zwischen Wlastislaw und Neklan in die Jahre 817 bis (vor) 839 unter Verweisung auf Hageks Erzählung zu 851 bis 859 und 867/8. Palacký, Dějiny I, 1, 108; 120 stellte sich wieder auf den Standpunkt des non liquet, nahm aber doch eine Datierung vor, indem er Przemysl in das erste Viertel des VIII. Jahrh. und Neklan in die Zeit von 808—814 verlegte.

§ 3.

Die Wirtschaft und die Eigentumsverhältnisse.

Die Wirtschaft der in Böhmen im sechsten Jahrhundert eingewanderten Slaven ist im ganzen von der der Germanen Caesars nicht all zu sehr verschieden gewesen. Beide erheben sich nicht weit über das Stadium der gemeinsamen westarischen Periode. Nach den Andeutungen des Cosmas treibt das Gefolge des Bohemus Jagd und Viehzucht[1] und daneben jedenfalls als Erbschaft der indogermanischen Zeit[2] etwas Ackerbau nach dem System der wilden Feldgraswirtschaft. Es ist aber nicht unwahrscheinlich, dafs hier die Slaven hinter den Germanen Caesars zurückstehen. Eine solche „Eigentumslosigkeit“, wie sie Cosmas an die Spitze seiner Darstellung stellt, und die ich in ihrem Kern für glaubwürdig halte, ist uns von den Germanen nicht bekannt. Diese Eigentumslosigkeit läfst aber auf eine entsprechende Unwirtschaftlichkeit

---

[1] Cosmas I, 3: ferinis aut ovinis pellibus utuntur pro vestibus ... ferner: sagittas propter feriendas feras. Diese Worte sind zwar teilweise entlehnt, der Sinn gehört aber gewifs auch dem böhmischen Sagenbestande an. Vgl. oben § 1 Anm. 27 ff. Vgl. auch Cosmas I, 9: virgines .. veluti Amazones .. venationibus per silvas viriliter insistebant. Ferner auch noch die Äufserung des Würzburger Bischofs Heinrich (XI. Jahrh.) bei Ludewig SS. rerum episcopatus Bambergensis I (1718) col. 1116: tota illa terra pene silva est, Sclavi ibi habitant (zitiert bei Peisker, Národopisný sborník, 1899, S. 65 f.); ferner Herbordi vita Ottonis M.G. SS. 20, 762, betreffend die Mainwenden im 12. Jahrh.: Studia hominum aut venatio aut piscatio vel pecorum pastura. In his etenim omnes divitiae illorum consistunt, siquidem agrorum cultus ibi rarus est; zitiert bei R. Roessler, Zeitpunkt der slavischen Ansiedlung an der unteren Donau, Wiener S.B. LXXIII (1873) S. 81; vgl. auch A. Huber, Geschichte Österreichs I (1885) S. 52 und J. Peisker a. a. O. Die alte Anschauung, dafs die Böhmen seit jeher vor allem Ackerbauer waren (Jireček, Recht in Böhmen I, 34) ist wohl genügend von Peisker, Lippert und auch schon von A. Huber, a. a. O., S. 51 f., der sich gegen Krek wendet, widerlegt. Andererseits ist — wenn überhaupt wörtlich zu nehmen — die Formulierung Lipperts, Sozialgeschichte Böhmens I, 111: „eine Periode der Jägerei und Fischerei und Weidewirtschaft“ zu schroff. Sehr klar und treffend handelt über die slavische Wirtschaft R. Rösler, a. a. O. Über Jagd und Viehzucht der Indogermanen vgl. Müllenhoff, D.A. 3, 166. Schrader, Sprachvergleichung und Urgeschichte, Jena 1883, S. 340 ff., 371 und Schrader, Reallexikon der indogermanischen Altertumskunde, Strafsburg 1901, v. „Jagd, Viehzucht“. Vgl. noch Krek, Einleitung in die slavische Litteraturgeschichte, 1887, S. 112 ff., der aber wohl mit der älteren Meinung die Bedeutung des Ackerbaus im altslavischen Leben überschätzt. Ebenso S. 355.

[2] Vgl. Schrader, Sprachvergleichung, S. 354 ff. Schrader, Reallexikon der indogermanischen Altertumskunde, v. „Ackerbau“. H. Hirt, Die wirtschaftlichen Zustände der Indogermanen, Jahrb. f. Nationalökonomie und Statistik, 1898, S. 461. Rachfahl, Conrads Jahrbücher, 1900, S. 191, 214.

resp. „Wirtschaftslosigkeit“ schliefsen[3]. Unter diesem Gesichtspunkt erscheint dann auch die absolute Negation des Körnerbaus durch Cosmas[4] keineswegs völlig erdichtet oder gar abgeschrieben.

Auch die ursprüngliche Organisation der Wirtschaft weist vielfach Ähnlichkeiten mit der germanischen auf, hinter der sie doch wieder zurücksteht. Namentlich ist aber die spätere Entwicklung stark verschieden. Der Patriarch Bohemus weist seinem Gefolge das Land zur Besiedlung an[5], ähnlich wie etwa noch die principes Caesars es den gentibus cognationibusque gegenüber tun[6]. Dann beginnt aber eine Divergenz. Zur Zeit des Tacitus schon findet genossenschaftliche Okkupation der Ackerflur und eben solche Disposition darüber statt[7]. In Böhmen dagegen, speziell im Zentrum der Sage, verschärft sich das herrschaftliche Element immer mehr und mehr.

Das Bild der Entwicklung, das uns die Sage bietet, und das vom Standpunkt der wirtschaftsgeschichtlichen Theorie wohl kaum angefochten werden kann, ist etwa folgendes. Das goldene Zeitalter zunächst ist charakterisiert durch eine weitgehende Eigentumslosigkeit. Der überreichliche Boden gehört der Gesamtheit[8], welcher er gleichmäfsig von dem Führer Bohemus angewiesen worden ist und von der er daraufhin okkupiert wird. An der beweglichen Habe, namentlich an den Waffen, dem Vieh, den Zelten u. dgl. hat jedenfalls eine Art Eigentum bestanden. Und zwar etwa an Waffen und Werkzeugen, an Kleidung und Schmuck im Umfange des persönlichen Gebrauchs, der Gewere, volles Individualeigentum[9],

---

[3] Vgl. Bücher, Entstehung der Volkswirtschaft, S. 5 ff. Auch meine Bemerkungen, Z[2] f. R.G. 17 (1898) S. 316.

[4] Cosmas, I, 3. Cereris et Bachi munera haud norant quia neque erant. Das Kleingedruckte ist fast wörtlich aus Boëtius II, 5. Die Cereris munera sind also Cosmas'sches Original. Denn dafs Justinus II, 2: Neque (Regino zu 889: Perraro) enim agrum exercent zu Grunde läge, ist wohl kaum anzunehmen.

[5] Cosmas I, 2: Haec est illa terra, quam saepe me vobis promisisse memini. Vgl. näheres über die Landanweisungen § 8 u. unten A. 36.

[6] Caesar Bell. Gall. 6, 22: magistratus ac principes in annos singulos gentibus cognationibusque hominum, qui tum una coierunt, quantum et quo loco visum est agri attribuunt atque anno post alio transire cogunt.

[7] Germania c. 26: Agri pro numero cultorum ab universis (in vices) occupantur, quos mox inter se secundum dignationem partiuntur.

[8] Cosmas I, 3: .. Ut solis splendor vel aquae humor, sic arva et nemora quin etiam et ipsa connubia erant illis communia.... Nec quisquam „meum“ dicere norat, set ad instar monasticae vitae quicquid habebant „nostrum“ ore, corde et opere sonabant. Mit diesen letzten Worten sind auch Mobilien gemeint. Aus Justinus II, 2 könnte hier höchstens verglichen werden: „hominibus inter se nulli fines“. Boëtius bietet keine Parallele.

[9] So schon in der indogermanischen Zeit. Vgl. Schrader, Reallexikon S. 171.

so daſs sie dem toten Herrn selbst ins Grab mitgegeben wurden[10]. Die Funde — auſser Schmuck eiserne Beile, Lanzenspitzen und Pfeile, Feuerstein, Schere und Messer — weisen meist auf groſse Ärmlichkeit[11]. An Vieh und Zelten oder Hütten bestand wahrscheinlich eine Art Familienrecht[12], also ein durch die Rechte der Familienglieder und noch mehr durch Rücksichten auf solche, den Familienfrieden, abgeschwächtes Individualrecht des Hausherrn[13]. Auch hier ist an groſse Werte zunächst nicht zu denken. Die Hütten sind erbärmlich gewesen[14], wie es bei der groſsen Beweglichkeit[15] nicht anders sein konnte. Sie mögen meist gelegentlich der augenblicklichen Niederlassung aus Holz, Flechtwerk und Lehm rasch zusammengefügt worden[16], und dann beim Verlassen einfach stehen geblieben sein. Diesem im ganzen ärmlichen Zuschnitt wird auch der Viehbestand zunächst entsprochen haben. Alle diese Eigentumsverhältnisse als Rechtsverhältnisse sind durch

---

[10] Über solche Gegenstände, die in Böhmen in Gräbern zu finden sind, vgl. z. B. J. L. Píč, Archaeologicky vyzkum ve středních Čechách, Prag 1893, Vorrede; namentlich Spalte LXXII, LXXVII. Vgl. auch Petrus von Dusburg, Cronica terre Prussie III, 5 (Scr. rerum Prussicarum 1, 54): contingebat, quod cum nobilibus mortuis arma, equi, servi et ancille, vestes, canes venatici et aves rapaces et alia que spectant ad miliciam urerentur. Cum ignobilibus comburebatur id, quod ad officium suum spectabat. Credebant, quod res exuste cum eis resurgerent et servirent sicut prius. Vgl. ferner Schrader, Reallexikon S. 21 ff. Über den Totenteil in germanischen Rechten siehe Brunner Z[2] f. RG. germ. Abt. 19 (1898), S. 115 ff., wo auch weitere Litteratur. — Vgl. auch noch Landwehr in der öst.-ung. Revue, 1901, S. 371, 372.

[11] Píč, a. a. O. Sp. LXXVII.

[12] Vgl. Schrader, Reallexikon S. 171.

[13] Vielleicht kann hier auf Cosmas I, 2 hingewiesen werden, der den senior Bohemus sagen läſst: vestris penatibus litate libamen gratum. Diese Senates sind aber spezifische Hausgottheiten.

[14] Vgl. Procopius, Bell. Got. 3, 14, hg. von D. Comparetti (in Fonti per la storia d'Italia) 2, 293: *οἰκοῦσι δὲ ἐν καλύβαις οἰκτραῖς διεσκηνημένοι πολλῷ μὲν ἀπ' ἀλλήλων* . .

[15] Daselbst: *ἀμείβοντες δὲ ὡς τὰ πολλὰ τὸν τῆς ἐνοικήσεως ἕκαστοι χῶρον.* Dazu die Einwanderungssage und die sehr vagen Worte bei Cosmas I, 3; Nam more pecudum singulas ad noctes novos ineunt hymeneos, et surgente aurora trium gratiarum copulam et ferrea amoris rumpunt vincula; et ubi nox quemque occuparat, ibi fusus per herbam, frondosae arboris sub umbra dulces carpebat somnos. Boëtius II, 5 hat bloſs die Wendung: „somnos dabat herba salubres". Bei Justinus II, heiſst es: nec domus illis ulla aut tectum aut sedes est, armenta et pecora semper pascentibus et per incultas solitudines errare solitis. Auch hier ist wohl kaum Entlehnung anzunehmen.

[16] Vgl. Schrader, Reallexikon v. „Haus", „Mauer", „Steinbau", namentlich S. 823. Tacitus Germania c. 45 von den Veneti: et domos figunt, weshalb er sie eher zu den Germanen zählen möchte, über deren Häuserbau er Germania c. 16 berichtet. Die unterirdischen Höhlen, die wir gewiſs auch bei den Slawen anzunehmen haben (vgl. Schrader, RL. S. 876 f.), kommen erst recht bloſs als Zufluchtsstätten in Betracht. — Den Gebrauch von Zelten will Schrader, RL. S. 981 f. gewiſs nicht ausschlieſsen.

eine sehr weitgehende Gastfreundschaft noch weiter abgeschwächt worden [17].

Auf das goldene Zeitalter läfst Cosmas das Zeitalter des Eigentums folgen. Gründe für den Umschwung gibt er nicht an. Da namentlich auch keine Hungersnot genannt ist, sondern vielmehr ausdrücklich ein patriarchalischer Reichtum, so scheint es, dafs sich diese Periode des Eigentums einfach durch fortgesetzte Wirtschaft entwickelte. Diese Annahme wird durch die Ausgestaltung der wirtschaftlichen Verhältnisse gerechtfertigt. Dem Zeitalter der „eigentumslosen" gleichmäfsigen Armut [18] folgt in den Gebieten der Ursage ein Zeitalter der Wohlhabenheit — Einzelner, der Differenzierung von Arm und Reich. Während es früher keine „Armen", aber auch keine Reichen gab, beginnt nun das Streben nach Reichtum und damit der Reichtum selbst [19]. Sogleich zeigt sich aber eine Verschiebung in der Gesellschaft. Noch für die Zeit vor Krak erwähnt Cosmas einzelne reiche Leute [20]. Die Bewegung ist also im Kern wirtschaftlicher Natur, und es ist nicht unwahrscheinlich, dafs sie von aufsen her durch Einflufs fremder, namentlich fränkischer Kaufleute veranlafst worden ist. Diese mögen den Bedürfnisstand des Volkes erweitert und damit den amor habendi ganz besonders angeregt haben. Dazu kommt wohl auch noch eine fortschreitende Vermehrung der Bevölkerung. Dafs der Reichtum hauptsächlich in Vieh bestand, dafür liefert das dem Germanischen entlehnte Wort skot (= Vieh), welches dem deutschen „Schatz" entspricht, einen hinlänglichen Beweis. Auch der Umstand, dafs Einzelne als reich hervorgehoben werden, weist auf bewegliches Vermögen hin. Es gilt hier wohl, was Tacitus [21] von den armenta der Germanen sagt: Eaeque solae et gratissimae opes sunt. Ein Reichtum an Grundbesitz ohne vorhergehenden Reichtum an Vieh ist unter diesen Verhältnissen,

---

[17] Cosmas I, 3: nec portam inopi claudebant. Vgl. unten § 10 Anm. 11.

[18] Mit Cosmas I, 3: neque inops quisquam erat vgl. Helmold, Chronic. Slav. II, 12: neque enim aliquis egenus aut mendicus apud eos aliquando repertus est. Krek, Einleitung in die slavische Litteraturgeschichte, 2. Aufl., 1887, S. 361. Petrus von Dusburg, Chronica terre Prussie III c. 5 (Script. rer. Pruss. 1, 54). O. Hein, Altpreufsische Wirtschaftsgeschichte, Z. f. Ethnologie 22, 167. Von den Germanen kann noch Caesar, BG. 6, 22 schreiben, dafs suas quisque opes cum potentissimis aequari videat.

[19] Cosmas I, 3: securam paupertatem olim amabilem . . vitant . . quia amor habendi . . in omnibus ardet. Betreffend das Reich-werden Einzelner vgl. auch Grosse, Formen der Familie S. 132: „Auf dem Boden der Viehzucht hat sich die Sippe nirgends zu einer Wirtschaftsgemeinschaft entwickelt."

[20] Cosmas I, 3: Quicunque in sua tribu vel generatione persona moribus potior et opibus honoratior habebatur.

[21] Germania c. 5.

ohne (wenigstens nennenswerte) Sklaven- oder Maschinenarbeit, wohl gar nicht möglich. Wenn hier also von Eigentum die Rede ist, mufs man zunächst hauptsächlich an Fahrhabe denken. Dieser Wunsch nach Fahrhabe (Vieh), die ja fast gar nicht willkürlich vermehrt werden konnte, mag dann auch zunächst zu den von Cosmas erwähnten Streitigkeiten geführt haben.

Die Anhäufung des mobilen Kapitals hat sich dann aber auch auf die Liegenschaftsverhältnisse reflektiert: die Reichen erwerben für sich und zwar viel. Die ältesten Fälle von Grundeigentum, die uns die Sage bietet, zeigen Sondereigentum der Reichen und Sonderokkupation. In dem berühmten Prozefs vor Lubossa[22] streiten zwei cives opibus et genere eminentiores et qui videbantur populi esse rectores und zwar agri contigui de termino. Sie fangen sich an zu raufen, ut alter alterius spissam unguibus volaret in barbam. Nach erfolgter Entscheidung beschimpft is cuius causa in iudicio non obtinuit palmam die Richterin. Wie grundverschieden klingt diese Darstellung von der des bekannten Titels (81) der Lex Alamannorum: Si qua contentio orta fuerit inter duas genealogias de termino terrae eorum! Nichts Anderes als eine grofse fürstliche Rodung ist die Gründung Prags durch Lubossa[23]. Namentlich besteht jetzt Sondereigentum zunächst der Grofsen an Haus und Hof. So wird gleich von Crocco erzählt, dafs nach ihm ein castrum iam arboribus obsitum in silva quae adiacet pago Stybeczne seinen Namen empfangen[24] habe. Kraks Tochter Tetka erbaut die „Burg“ Tethin[25], Lubossa Lubossin[26]. An der Burg, dem Haus, ist ein Hof, curia[27], und an diesem eventuell das herrschaftliche Dorf[28].

---

[22] Cosmas I, 4.

[23] Cosmas I, 9: domina... sic est vaticinata... Est locus in silva... Ad quem cum perveneritis... urbem quam aedificabitis, vocabitis Pragam.... Continuo itur in antiquam silvam et reperto dato signo in praedicto loco urbem... aedificant Pragam. Vgl. auch Peisker, Knechtschaft in Böhmen S. 31: „Prags Umgebung ist kein altes Kulturland, kein Volksgebiet, sondern landesfürstliches Rodeland.“ Dazu die Ableitung des Namens Prag von pražiti, brennen, Tomek, Dějepis mësta Praha, 1855, I, 4 Anm. 2; Geschichte der Stadt Prag, 1856, I, 4 Anm. 2. Peisker, Slovo o zádruze in Národopisný sborník československý, 1899, S. 105 Anm. Lippert, Sozialgeschichte Böhmens I, 116 f. Palacký, Dějiny I, 1, 107 ist geneigt, Prag als volkstümliche Gründung zu erklären. Näheres über die Gründung Prags unten § 8 Anm. 32 ff.

[24] Cosmas I, 3.

[25] Cosmas I, 4: castrum natura loci firmissimum, praeruptae rupis in culmine iuxta fluvium Msam aedificavit.

[26] Cosmas I, 4: urbem potentissimam iuxta silvam que tendit ad pagum Stebecnam construxit et ex suo nomine eam Lubossin vocitavit. Diese Burgengründungssagen mögen für den Historiker mancherlei Bedenken haben, soziologisch sind sie wohl vollkommen brauchbar.

[27] Cosmas I, 4: Die zwei Streitenden intrant... curiam der Lubossa.

[28] Cosmas I, 9 sagt Lubossa: Est locus in silva, villa qui distat ab ipsa.

Neben diesen herrschaftlichen Dorfgründungen erwähnt die Sage aber auch eine freiere Wirtschaft. Einen solchen Typus scheint nämlich die villa Stadici[29] zu repräsentieren. Schon die patronymische oder vielleicht besser gesagt genossenschaftliche[30], plurale Form gegenüber der possessiven und Singularform der bisher erwähnten Ansiedlungen weist auf einen Wesensunterschied hin. Wir haben es in Ortschaften wie Stadici mit einer Ansiedlung von wesentlich Gleichberechtigten zu tun. Es ist nicht unwahrscheinlich, dafs diese gemeinsam den Wald ausgebrannt und damit eine Art genossenschaftliche Feldmark[30a], territorium, geschaffen haben. Wie es aber nach der Erzählung von Przemysl scheint, blieb dann die eigentliche Rodung ganz dem Einzelnen überlassen. So dürfte wohl am besten die Stelle des Cosmas über die villa nomine Stadici verstanden werden. Es heifst dort: Huius (nämlich villae) in territorio est novale unum, in longitudine et in latitudine duodecim passuum, quod mirum in modum, cum sit inter tot agros in medio positum ad nullum tamen pertinet agrum. Ibi dux vester duobus variis bubus arat[31]. Das territorium, die Feldmark der villa Stadici, besteht offenbar aus den agri, welche schon bewirtschaftet werden und aus dem — vielleicht nicht vereinzelten — novale, welches Przemysl pflügt, d. i. dem jedenfalls mit den übrigen Teilen der Feldmark okkupierten, ausgebrannten Stück Land. Wenn auch mit A. Brückner[32] anzunehmen ist, dafs diese eigen-

---

[29] Cosmas I, 5: est fluvius non adeo magnus nomine Belina, cuius super ripam dinoscitur esse villa, nomine Stadici.

[30] Könnte Stadici nicht „Hirten“ bedeuten? Stádo ist die Herde. Stadík wäre dann gebildet etwa wie úředník, kominík u. dgl. Vgl. schon Pulkawa, der nach Dobner II, 157 Stadici erklärt als locus gregum. — Die patronymische Ortsnamensform allein weist zwar noch nicht auf die Gründung durch Geschlechter (Peisker, Knechtschaft in Böhmen, 1890, S. 16 und Slovo o zádruze im Národopisný sborník českoslovanský, 1899, S. 102 Anm. 117. Zu allgemein daher H. Jireček, Recht in Böhmen 1, 24), aber auf ein nichtherrschaftliches Element in der Organisation hin. Über die gemeinfreie Sippe der Stadici vgl. noch Peisker, a. a. O. S. 63 f., Lippert, Sozialgeschichte Böhmens I, 206, 232. — Auf die Bedeutung der possessiven Formen z. B. Krakow, Tetin u. s. w. verweist auch Kadlec, Rodinný nedíl S. 131. Er ergänzt dvůr oder hrad (Hof, Burg).

[30a] Selbst Peisker in Národopisný sborník cit. S. 88 kommt mit Rücksicht auf das Vorkaufsrecht der Sippe auf ein einstiges ausschliefsliches Recht der conterranei auf den ganzen ungeteilten chatar, auf dem sich der extorris nur mit ihrer Einwilligung einsetzen durfte, zu sprechen. O. Balzer, Historya Ustroju Austryi w zarysie, 1897, S. 126, nimmt Eigentum des Geschlechtes an dem okkupierten Lande an. Das geht doch wohl zu weit. Gegen dessen eingehende Ausführungen in Kwartalnik Historyczny, 1898, S. 21 ff. siehe ausführlich Peisker, a. a. O. S. 103 ff.

[31] Cosmas I, 5. Vgl. I, 6.

[32] A. Brückner, O Piascie, Rozprawy der Krakauer Akademie, 1898, S. 312.

tümliche Schilderung des Neubruchs ebenso wie das spätere Verschwinden der Ochsen eigentlich nur aussprechen sollen, daſs diese Dinge nie da waren[33], so besteht doch kein Grund, den einzelnen Elementen dieser Darstellung Glauben zu schenken. Wir können dann der Stelle entnehmen, daſs die Okkupation gemeinsam geschah und eine den Okkupierenden in irgend einer Art gemeinsame „Feldmark" schuf. Dieses gemeinsam erschlossene Land scheint aber zunächst der weiteren freien Okkupation der Einzelnen resp. der Hausstände behufs Bebauung überlassen zu sein. So etwas wäre zu einer Zeit, wo Boden im Überfluſs vorhanden ist, durchaus nicht unmöglich. Ein gröſserer Waldbrand mag leicht viel mehr anbaufähiges Land geschaffen haben, als benötigt war. Przemysl, doch jedenfalls einer der Stadici, aber kein „Reicher"[33a], ackert hier auf einem novale, das noch niemand in Sonderbesitz genommen hat. Das Stück ist offenbar infolge planloser Okkupation der Anderen übrig geblieben und Przemysl bemächtigt sich seiner, ohne sich um jemanden zu kümmern[33b].

Auch hier drängt sich wieder eine germanistische Parallele auf: die Schilderung des Tacitus, Germania c. 26[34]. Die agri werden dort gemeinsam okkupiert und gesondert bewirtschaftet; das ist das gemeinsame. Wesentlich verschieden ist aber bei beiden Wirtschaftsformen die Art und Weise, wie der Einzelne zu seinem ager gelangt. Von den Germanen heiſst es par-

---

[33] Daſs heute in Staditz ein „Königsfeld" gezeigt wird (vgl. dazu H. Jireček, Recht in Böhmen I, 19 und Právo slovanské I, 51 f., sowie auch schon Dobner II, 166 ff.), ist wohl nicht durchschlagend.

[33a] Die Vermutung Jireček's, Recht in Böhmen I, 19, daſs Przemysl ein Genosse des Stammesfürstengeschlechtes von Bělina gewesen sei, ist ganz willkürlich. Vgl. die Zurückweisung einer ähnlichen älteren Meinung (A. von Weleslawin, Stránský, Balbin) durch G. Dobner II, 160 f.

[33b] Auch Rachfahl gelangte, Conrads Jahrbücher, 1900, S. 215, von anderen Grundlagen ausgehend, bezüglich der altslavischen Verhältnisse zu der Vermutung, daſs „jede Familie soviel des Bodens okkupierte, als sie für die Zwecke der Feldbestellung brauchte". Vgl. auch noch daselbst S. 215 a. E. und 216.

[34] Meine Stellung zu diesem Kapitel habe ich Z.² f. RG., 1897 (ex. 1896), S. 172 f. dargelegt. Sie geht aus von der regelrechten stylistischen Interpretation des Tacitus und läſst sich sowohl mit den Angaben Caesars als mit den späteren agrarischen Erscheinungen entwicklungsgeschichtlich in Einklang bringen. In der Hauptsache übereinstimmend auch K. Müllenhoff, Deutsche Altertumskunde IV (1900) S. 368, 370. Das Wesentliche ist: 1. agri . . ab universis . . occupantur, ein Stück Landes, wird von der Gesamtheit behufs Landwirtschaft in Angriff genommen, also z. B. ausgebrannt. 2. Daraufhin wird es verteilt, mox secundum dignationem partiuntur. 3. Auf den verteilten agri erfolgt nun seitens der Losbesitzer das arva mutare, so daſs immer ein Stück des Loses brach bleibt. Die taciteische genossenschaftliche Landvermessung und -Verteilung ist wohl ein geschichtliches Derivat der „herrschaftlichen" Anweisung Caesars.

tiuntur; wir haben also mindestens noch einen gemeinsamen, genossenschaftlichen Akt, die Verteilung. In der böhmischen Sagenstelle findet sich dagegen allem Anscheine nach vollständig freie, willkürliche Aneignung des gerodeten Landes durch die Einzelnen; ein Verfahren, das dann eben auch zu jenen Streitigkeiten beitragen mochte, die Cosmas I, 3, 4 hervorhebt.

Später mufste jedenfalls — schon infolge der Begrenztheit des Bodens — eine Verteilung des Bodens durch die Gesamtheit stattfinden. Eine Urkunde des XIII. Jahrhunderts zeigt uns ein (ursprünglich) freies Dorf an der Wirtschaft[35]. Die rustici des Abbas Ostrouiensis ex villa Porezic hatten (ein Stück) gemeinsame Feldmark (cum haberent agrum), das ihnen ungünstig gelegen war. Sie verkaufen es gemeinsam (vendiderunt ipsum agrum), hierauf roden sie anderwärts gemeinsam (ut . . rubos exstirparent) und bauen an (agros sibi viciniores meliores et utiliores excolerent quatinus per hoc nobis nichil deperiret). Hier ist auch das excolere in irgend einer Art gemeinsam, also mindestens auf Grund einer Verteilung durch die Gesamtheit. Dazu kommt aber auch schon das herrschaftliche Moment. Die Herrschaft soll keinen Schaden leiden; daher wird auch sie trachten, zu intervenieren.

Es ist nicht notwendig, etwa von vornherein in den verschiedenen Gebieten eine wesentlich verschiedene Agrarverfassung anzunehmen. Vielmehr lassen sich aus den oben festgestellten Urverhältnissen beiderlei Richtungen, die herrschaftliche und die freie Wirtschaft leicht entwickeln. Die alte Freiheit, der lose Zusammenhang des Geschlechtes, ist im Resultat am meisten festgehalten bei dem zuletzt erörterten, wenn man so sagen darf, genossenschaftlichen Typus. Eine Bindung erfolgt hier blofs durch die Genossenschaft, und dies nur in sehr geringem Mafse. Man siedelt sich zusammen an, und brennt gemeinsam einen Wald aus. Im weiteren geht die Wirtschaft ebenso frei vor sich wie bisher. Das freie Walten der wirtschaftlichen Kräfte führt aber bekanntlich leicht zur Übermacht des Stärkeren. Das Resultat dieser Entwicklung bietet der Gau der Lubossa. Die „Führer" des Volkes, die populi rectores, zugleich die Reichen und Angesehenen, opibus et genere eminentiores, sind wenigstens vorzugsweise Grundeigentümer. Einmal, weil sie bei der freien Konkurrenz den anderen, die in ihrem beschränkteren wirtschaftlichen Gesichtskreis den wirtschaftlichen Wert des Grundbesitzes nicht einmal

---

[35] Erben, Regesta Bohemiae I S. 355 v. J. 1229. Das Dorf ist zwar schon herrschaftlich, es ist aber, wie schon der patronymische Name zeigt, ursprünglich frei gewesen (vgl. Peisker, Knechtschaft in Böhmen, 1890, S. 43). Die uns hier interessierenden Funktionen sind frei, nicht herrschaftlich.

voll würdigen können, bei der Aneignung von Grund und Boden weit überlegen sind. Sodann scheint es, dafs diese populi rectores, und an deren Spitze das Herrscherhaus, den Grund und Boden, den sie noch von der Viehzüchterzeit her, ähnlich wie die principes Caesars, dem Volke anwiesen[36], in seiner Gesamtheit als ihr Eigentum zu betrachten geneigt waren und daran mindestens eine Art Obereigentum zu behaupten wufsten.

Als Erscheinungsformen dieser Grundidee lassen sich das Heimfallsrecht, das Zinsrecht (tributum pacis) und das Zustimmungsrecht bei Veräufserungen anführen. Das Heimfallsrecht des Fürsten[37] hatte in Böhmen eine ungeheuere Ausdehnung.

---

[36] Vgl. die Landanweisung durch den senior Bohemus bei Cosmas I, 2, oben Anm. 5. Diese Anweisung spielt noch später als obrigkeitliche Einweisung bei Landübereignungen eine grofse Rolle. Vgl. z. B. den Ausspruch des Landrechtes III° Zdislai B 17 vom 17. März 1348 (Jireček, Codex iuris Bohemici II 2 S. 23, 24), wonach der Erwerber eines Grundstücks vom Prager Kämmerer eingewiesen wird: .. si quis in hereditatibus suis per donationem emptionem unionem cum aliis vel alio seu testationem vel quovis modo seu titulo alio acquisitis . . . cum camerario a beneficiariis Pragensibus dato . . non fuerit dominatus (dazu Lippert, Sozialgeschichte Böhmens I, 300 f.) und die Eintragung in secundo Zdislai K 16 vom 17. Dezember 1345 (Jireček, C. J. B. II, 2 S. 22): Invenerunt pro iure, quod propter huiusmodi non iuridicam ad terrae tabulas impositionem eadem hereditas in Mančic ad ipsum D. regem iure devolutionis ipso facto extitit devoluta. Auch die Urkunde Erben, Regesta . . Bohemiae I S. 214 v. J. 1203: Zlauco . . et Milgostus . . predia sua per manus nostras domino assignarunt. . . . . in manus nostras deposuit . . . Igitur subscripta predia . . deo sanctaeque dei genitrici Mariae . . donatione contulimus, kann hier angeführt werden. Sie wird übrigens von Lippert, Soz.-Gesch. Böhmens I, 301, nicht ganz richtig interpretiert. „Der Eigner" „verzichtet" nicht, sondern er schenkt.

[37] Darüber vor allem Jar. Čelakovský, Das Heimfallsrecht auf das frei vererbliche Vermögen in Böhmen, Prag 1882, der aber das Heimfallsrecht gleich als etwas Gegebenes annimmt (S. 3 f.) und eine rechtsgeschichtliche Konstruktion nicht anstrebt; dazu namentlich Lippert, Soz.-Gesch. Böhmens I, 298 ff. Ferner J. Kalousek, O staročeském právě dědickém a královském právě odúmrtném na statcích svobodných v Čechách i v Moravě, Prag 1894. — Palacky, Dějiny I, 2, 332 ff. und Wocel, O staročeském právu dědičném in den Abh. der böhm. Gesellschaft der Wissenschaften, 1861, S. 506 ff., halten das Heimfallsrecht in Böhmen nicht für ursprünglich. Der erstere meint, es sei, wenn es auch in der zweiten Hälfte des dreizehnten Jahrhunderts ausdrücklich erwähnt werde, in der ältesten Zeit weder allgemein noch gesetzlich gewesen. Er leitet es (S. 334) aus dem Waldregal ab, und führt es daher durchweg auf landesfürstliche Rodungen zurück. Dagegen vgl. Lippert, a. a. O. 301. v. Brünneck, Heimfallsrecht und Gütervereinigung im älteren böhmisch-mährischen Recht in der Z.[2] f. R.-G., Germ. Abt. 20 (1899) S. 7 ff. erklärt — nach Turner, Slavisches Familienrecht, 1874, S. 2 ff. — zuerst habe es nur Hauskommunionen, Miteigentum sämtlicher Familienglieder, daher kein Erbrecht gegeben. Dann sei der Hausvorstand Alleineigentümer geworden und die Kommunisten hätten blofs ein Wartrecht behalten. Die Abgeschichteten hätten im ersten Fall einfach ihr Miteigentumsrecht verloren, im zweiten Fall aber wohl ein den Unabgesonderten nachgehendes Erbrecht bewahrt, und hier hätten sich ihnen die Heimfallsberechtigten unrecht-

Erst im Jahre 1189 wird in den statuta Conradi das Erbrecht in Ermangelung von Söhnen den Töchtern und bei deren Abgang den proximi heredes konzediert[38]. Dabei bleibt aber das Erbgut nur in der Hauskommunion[39]. Dann tritt der Heimfall ein. Was die Abgabe tributum pacis, mír genannt, betrifft, so hat Lippert[40] gegenüber H. Jireček[41] einen bedeutenden Fortschritt vollzogen, indem er diese Abgabe nicht mehr mit der berna zusammenwirft. Er erklärt sie — leider ohne tiefer darauf einzugehen — als Gegenleistung der dědiníci für den ihnen vom Fürsten gewährten Friedensschutz. Die ganzen Verhältnisse, namentlich die Dinglichkeit der Abgabe, weisen aber darauf hin, dafs es sich hier nicht — oder wenigstens nicht so sehr — um einen Frieden der Bauern untereinander, sondern vielmehr um den Frieden des Bauers gegenüber der Obrigkeit handelt. Der Bauer zahlt ein tri-

---

mäfsig vorgeschoben. Diese Argumentation scheint mir zunächst an einer Überschätzung der Hauskommunion (vgl. über diese § 6 Anm. 17) und dann an einer gewissen Willkürlichkeit zu leiden. Gegen v. Brünneck vgl. auch J. Kalousek in Sborník věd právních a státních, Prag 1901, S. 204. Wocel sieht in dem Heimfallsrecht die Einwanderung des seit dem elften Jahrhundert in Frankreich entwickelten und über Deutschland nach Böhmen gekommenen Satzes: nulle terre sans seigneur (S. 510). Nun hat aber bekanntlich in Deutschland dieser Satz nicht gegolten. J. Kalousek, a. a. O. S. 10, tritt daher mit Recht für die Altertümlichkeit des böhmischen Heimfallsrechtes ein. — Über das Heimfallsrecht in Polen vgl. G. Hanel, Nejhlavnější zásady dědičného práva polského in Právník, 1872, S. 343 (das Kaduzitätsrecht wird mit der Erweiterung des Erbrechts immer mehr eingeschränkt); für Rufsland G. Hanel, O vývinu práva dědičného v. Rusku do r. 1649 im Právník, 1875, namentlich S. 550. Er sieht in dem weitgehenden Heimfallsrecht des Fürsten gegenüber einem Smerd, d. i. einem ursprünglich Freien, der weder im Fürstendienst, noch im Bojarengefolge sich befindet, wie es die russische Prawda des 13. Jahrh. normiert (art. 103; vgl. Ewers, Recht der Russen 326), einen Zerfall des Familienzusammenhanges (rodinné celistvosti). Der Familienzusammenhang ist wohl auch zu Beginn, namentlich in den unteren Schichten nicht allzu stramm gewesen; vgl. die Ausführungen unten §§ 4 und 5. Das serbische Gesetzbuch des Zaren Duschan § 39 (abgedruckt z. B. bei Jireček, Svod zákonů slovanských S. 313) kennt Erbfolge nur bis zur dritten Generation, do tretiego bratučeda.

[38] Jireček, Codex iuris Bohemici I S. 56 c. 17: Si quis autem non habuerit filium et habuerit filias, ad illas deveniat hereditas aequaliter; et si non sint, hereditas deveniat ad proximos heredes. Das Ganze erinnert ungemein an das fränkische Edictum Chilperici von 561 (so auch Lippert, Soz.-Gesch. Böhmens I, 301), nur wäre statt des „non vicini“ dort, hier einzuschalten „non princeps“. Vgl. hierzu namentlich O. Gierke, Erbrecht und Vizinenrecht, Z. f. R.-G. 12 (1876) S. 448 ff. Über die königlichen Heimfallsrechte nach diesem Edikt daselbst S. 459 ff.

[39] Vgl. Wšehrd, Neunbücherrecht VIII, 31 § 4. Dazu Čelakovský S. 5 ff.

[40] Sozialgeschichte Böhmens I, 290 ff.

[41] Das Recht in Böhmen, II. Bd., Prag 1866, S. 81.

butum, einen Tribut dafür, dafs ihn die Obrigkeit in Frieden, im ruhigen Besitz seines Grundes läfst, dafs er ähnlich wie die Ottokarische Bestätigung des ius Conradi sagt, dem Fürsten gegenüber seine hereditas in bona tranquillitate pacis possideat[42]. Dieser mir ist eine Provinzialabgabe[43], daher jedenfalls noch aus der Zeit der Zersplitterung des Landes herrührend. Er wird gezahlt nicht von den Dominikalgrundstücken, sondern nur von jenen, quae sunt dimensa in hospitum rusticorumque turma[44]. Der Freie, der zum herrschaftlichen Hintersassen wird, entgeht dem Tribut[45]. Offenbar ist also der Königszins vor der Mediatisierung an die domini selbst gezahlt worden, und zwar von dem Lande, das sie den rustici zur Bebauung anwiesen. Es ist sehr bezeichnend, dafs diese rustici, Freibauern, heredes[46], mit den hospites, Hintersassen, auf eine Stufe gestellt werden. Es kommt schliefslich sogar so weit, dafs diese Freisassen als königliche Hintersassen behandelt werden[47]. Und mit Rücksicht auf diese Entwicklung werden die Theutonici in suburbio Pragensi durch König

---

[42] Vgl. darüber weiter unten. Den Hufenzins der wendischen Bauern als Folge der landesfürstlichen „Oberherrlichkeit über den gesamten Grund und Boden" erklärt L. Giesebrecht, Wendische Geschichten 1, 47. Zu dem Grundgedanken vgl. namentlich K. Bücher, Die Wirtschaft der Naturvölker S. 43: „Im allgemeinen sind die Finanzrechte der Häuptlinge nur durch ihre materielle Macht begrenzt, und das Vermögen der Untertanen entbehrt des Schutzes, den der Kulturstaat ihm durch das Gesetz gewährt."

[43] Vgl. Erben, Regesta I S. 94 v. J. 1130: de annuo tributo idem fratres in his civitatibus habeant, videlicet Pragae, Wisegrad, Satci u. s. w. . . . addo eis in tribus his provinciis Rokitnah, Czaslaui, Hinone etiam decimam marcam annui tributi.

[44] Erben, Regesta I S. 48 v. J. 1052. Ebenso wie die böhmischen dědinící sind die serbischen meropchen persönlich Freie auf Erbzinsgrundstücken. Vgl. Peisker, Národopisný sborník českoslovanský, 1899, S. 45 Anm. 11 und Z. f. Sozial- und Wirtschaftsgeschichte, 1899, S. 220.

[45] Erben, Regesta I S. 72 v. J. 1086: si quis liber in eorum possessiones transierit et predictas terras Opatouicz, Ossicz possiderit simili servitute sit adstrictus et servilia opera impendat, et absque tributo regis permaneat. Vgl. zu dieser Urkunde auch J. Peisker, Die Knechtschaft in Böhmen S. 52.

[46] Vgl. Lippert, Soz.-Gesch. Böhmens I, 290.

[47] König Wenzel I. hat selbst die gemeinfreie „Sippe" der Stadici von ihren Besitzungen vertrieben. Peisker, Knechtschaft in Böhmen S. 63 f. Lippert, a. a. O. I, 292. Durch Vermehrung der Familien auf dem sich gleich bleibenden Erbgut und Überwuchern des königl. Brieflandes sinken diese heredes immer mehr. Sie heifsen dann geradezu pauperes. Peisker, a. a. O. S. 48. Im 14 Jahrh. wird schon die Freiheit der rustici angezweifelt. Ihr Verteidiger, Kuno, sagt 1383: Rustici non sunt servi non usufructuarii sed rerum suarum et iurium veri domini, salvâ pensâ dominis debitâ — sunt instar emphyteotarum, qui habent contractum inter venditionem et locationem. — Omnes homines nascunditur liberi; Tomaschek, Heimfallsrecht S. 51. Er mufs also schon zu solchen Allgemeinheiten greifen.

Wenzel 1274 von tributum quod mir vocatur befreit[48]. Damit soll ihnen eben die deutsche bürgerliche Freiheit, namentlich auch des Eigentums, garantiert werden[49], sie sollen geschützt, ausgenommen werden von der „slavischen Freiheit“[50].

Endlich erlangte die Obrigkeit — wenigstens vielfach — ein Zustimmungsrecht bei Veräuſserungen. So nehmen z. B. nach einer bereits angeführten Urkunde des XIII. Jahrhunderts[51] die Bauern des Sippendorfes Porezic die Veräuſserung eines ihnen gehörigen Ackerkomplexes, der ihnen unbequem gelegen ist, erst nach erlangter Zustimmung des Abtes von Ostrow vor. Die Urkunde zeigt deutlich den Übergang von freien, gesippten Bauern in Untertänigkeit.

Ganz ähnlich wie dies eben von den Groſsen gegenüber den Bauern gezeigt wurde, ging auch das Landesfürstentum gegenüber den Groſsen und Gaufürsten vor. Die Ottokarische Bestätigung des ius Conradi sieht sich besonders veranlaſst, dem Adel seinen Besitz, wie er ihn zu Zeiten Conrads inne gehabt, feierlich zu garantieren[52], und eine andere Urkunde des XIII. Jahrhunderts erklärt rundweg, daſs die mährischen Fürsten ohne Zustimmung des böhmischen Oberfürsten nichts veräuſsern können, selbst wenn sie es erst gekauft haben[53]. Die Entwicklung steuert also auf einen ähnlichen Zustand hin, wie ihn das römische Recht für den pater familias gegenüber dem Hauskind, das nihil suum habere potest[54] ausgebildet hat,

---

[48] Röſsler, Deutsche Rechtsdenkmäler aus Böhmen und Mähren I S. 190.

[49] Vgl. meine Bemerkungen Z.[2] f. R. G. 20 (1900) S. 299. Lippert, Soz.-Gesch. Böhmens I, 292, sucht den Grund darin, daſs die deutsche „Gemeindeverfassung ritterlichen Selbstschutz zu ersetzen vermag“.

[50] Vgl. die Urkunde v. J. 1136 bei Palacký, Dějiny I, 1, 184 f. Anm. 147: Quaedam mulier, Gothelindis nomine, cum esset libera, sicuti Sclavi solent esse.

[51] Oben Anm. 35: „impetrata a nobis licentia vendiderunt ipsum agrum memoratae ecclesiae pro 600 denariis.“

[52] Jireček, Codex iuris Bohemici I S. 62: Omnes hereditates, quas viri nobiles tam majores quam minores tempore ducis Conradi sine querela iuste et pacifice hucusque possederunt, in bona tranquillitate pacis ammodo possideant.

[53] Erben, Regesta I S. 211 v. J. 1202: principes Moraviae nichil possunt conferre perpetualiter alicui monasterio, vel militi, vel alii, nisi interveniat eius consensus et confirmationis auctoritas, qui summus est in regno Boemiae et illius terrae tenet principatum. Possessiones vero quasdam ... emit inclitus frater noster a quibusdam militibus et aliis, quas contulit claustro praedicto perpetuo possidendas. Emit quidem ab abbate et fratribus de Lutomusle quoddam praedium ... quod et claustro (Welegrade) contulit. Licet enim illud praedium non poterat conferri a duce Brechislao Lutomislensi ecclesiae, tamen nos . . donationem dissimulavimus et concessimus fratri nostro emere et claustro Welegradensi conferre.

[54] Die römische Entwicklung der patria potestas bietet bekanntlich ein Extrem; vgl. Gaius, Institutionen I, 55: Item in potestate nostra sunt liberi nostri, quos iustis nuptiis procreavimus. Quod ius pro-

ein Prinzip, das bei den Iren auch bezüglich der höheren Verbände durchgeführt worden ist[55]. Auch die böhmischen Zustände neigen einer Depossedierung des Bauers zu. Erst die deutsche Kolonisation des Mittelalters hat eine Art Bauernbefreiung veranlafst. Die hussitische Zeit, in welcher das slavische Element wieder alle Dämme durchbrochen hat, hat die Untertänigkeit der Bauern wieder restituiert.

Zu erörtern ist noch die Frage: Wie steht es mit der „gemeinen Mark"?[56]. Zu Anfang des XIII. Jahrhunderts werden Gemeindewälder erwähnt[57]. Sie befinden sich zwar in herrschaftlicher Hand[58], doch deutet schon der Name obetzna ochozu = „das durch Gemeindeumgang Abgegrenzte" auf nichtherrschaftlichen Ursprung. Die Entwicklung ist offenbar die, dafs bei der Einwanderung ein nicht näher begrenztes Gebiet von dem Stämmchen in Besitz genommen wurde[59], dafs aber darin dem Einzelnen jede engere Okkupation völlig frei-

---

prium civium Romanorum est: fere enim nulli alii sunt homines, qui talem in filios suos habent potestatem, qualem nos habemus.

[55] Vgl. A. Meitzen, Handwörterbuch der Staatswissenschaften, Artikel „Ansiedelung", und Derselbe, Siedelung und Agrarwesen der Westgermanen u. s. w. I (1895) S. 174 ff. Die Häuptlinge werden aus landanweisenden Organen Guts- und Grundherren, die Clanmitglieder werden persönlich frei, aber sie erlangen kein Eigentumsrecht. Sie werden zu Pächtern mit phantastischen Aspirationen auf Grund der alten Clanrechte. Interessant ist eine slavische Parallele. Im Jahre 1803 beabsichtigte man, in der österreichischen Militärgrenze den Hausältesten für den Eigentümer zu erklären. Die Verordnung des Hofkriegsrats bei Utješenovic, Hauskommunion der Südslaven S. 34. Vgl. dazu Landwehr, in der österreichisch-ungarischen Revue, 1901, S. 271. Bei den Germanen hat sich das Anweisungsrecht der principes und magistratus noch vor Tacitus für den Bereich des Volklands verloren, wenn auch immer noch der König ein weitgehendes Recht auf briefliche Grundzuweisung hat, und auch bei der Grundübereignung die Hand des Königs oder eines Beamten eine sehr bedeutende Rolle spielt. Selbst das Recht des Hausvaters hat sich niemals zu der Konzentration ausgewachsen, wie das beim römischen pater familias der Fall war.

[56] Die Existenz einer solchen bei den Slaven (vgl. Jireček, Recht I, 49) wie bei den Germanen wird namentlich von Peisker, Slovo o zádruze, cit. S. 38 ff., ferner Vychodisko Meitzenova líčení agrárních dějin germánských a slovanských (S.-A. aus Český Časopis historický, 1898) S. 13 ff., heftig bestritten. Über die „bravouröse Analyse von Tacitus Germania c. 26" durch Hildebrand, Recht und Sitte, die angeregt zu haben, Peisker besonders stolz ist (Vychodisko S. 14 f.), vgl. z. B. meine Ausführungen, Z. d. Savignystiftung, 1898, S. 167 ff.

[57] Erben, Regesta I S. 240, v. J. 1210: Silva quae vocatur obetczna ochozu, secundum quod metae sunt signatae, quae vocantur ghranicz. Daselbst I S. 243, v. J. ca. 1211: Silva quae vocatur obecski.

[58] Erben, a. a. O. I S. 240: Possessiones, quas frater noster, spectabilis marchio Moraviae, contulit ecclesiae Z. heac sunt . . . silva . . Daselbst I S. 243: dux Vladizlaus . . deo et S. Mariae . . . silvam . . . cesserit.

[59] Vgl. etwa Cosmas I, 2: haec et illa terra quam saepe me vobis promisisse memini u. s. w. Näheres oben Anm. 5 und unten § 8 Anm. 1 ff. Vgl. J. Lippert, Sozialgeschichte Böhmens I, 30 ff.

stand[60]. Die Ausbildung von Dörfern[61] und deren Auseinandersetzung mit anderen Dörfern hat dann zu einer Abgrenzung der Dorfmark durch Gemeindeumgang und Grenzzeichen geführt. Entsprechend der agrargeschichtlichen Entwicklung gerät endlich die Dorfmark in die Hände der grofsen Grundbesitzer resp. des Landesfürsten. Ähnlich geht es mit den Marken der Stämmchen[61a]. Noch Lubossa ordnet der Sage zufolge die Gründung Prags unter Assistenz der Grofsen an. Auch Neklan gründet die Markburg Dragus nach Rat der comites. Seit Boleslaw I. aber beginnt ein selbständigeres Vorgehen der Fürsten[62], das in der Kolonisation des Markwaldes durch die Deutschen seine Blütezeit erreicht hat.

Auf den Handel auswärtiger Kaufleute ist schon oben hingewiesen worden[63].

§ 4.

Die Familie.

Die Schilderung des Cosmas, betreffend das Ehe- bezw. Geschlechtsleben des goldenen Zeitalters ist vielleicht nichts mehr als Hypothese des Chronisten[1]. Seine Ausführungen sind wohl übertrieben, aber in ihrem Kern nicht unrichtig. Das Ehe- bezw. Geschlechtsleben dieser „Urzeit“ ist jedenfalls ziemlich frei gewesen. Eine starke Ungebundenheit kehrt in den unanfechtbaren Sagenbestandteilen und in der geschichtlichen Erzählung wieder, ja manches mag wohl dem Chronisten in seiner eigenen Praxis vorgekommen sein. Freie Zustände passen durchaus in die Ergebnisse der heutigen Wissenschaft hinein, sowohl historisch, als im Vergleich mit den Verhältnissen anderer „primitiver“ Völker. Das, was Cosmas „über die Ehelosigkeit der Vorzeit meldet, ist kulturhistorisch“ nicht so „wertlos“, wie Lippert[2] meint. Im Gegenteil, es bietet, sorgfältig interpretiert, — also namentlich unter Berücksichti-

---

[60] Vgl. Cosmas I, 3: arva et nemora . . erant illis communia. Vgl. oben Anm. 8. Vgl. über sibirische Verhältnisse Peisker, Národopisný sborník českoslovanský, 1899, S. 109.

[61] Vgl. § 6.

[61a] Vgl. namentlich Lippert, Soz.-Gesch. Böhm. I, 218 ff., im Anschlufs an G. L. Maurer, Einleitung zur Geschichte der Mark-, Hof-, Dorf- und Stadtverfassung S. 106 ff.

[62] Vgl. Cosmas I, 9, 13, 19. Dazu unten § 8 Anm. 69, 70.

[63] § 2 Anm. 38a. Über den Handel Böhmens in römischer und fränkischer Zeit vgl. auch noch H. Jireček, Recht in Böhmen I, 37 f., wo aber Samo fehlt. Ferner J. Lippert, Sozialgeschichte Böhmens I, 63 ff. Ganz unkritisch ist F. L. Hübsch, Versuch einer Geschichte des böhmischen Handels, Prag 1849.

[1] Vgl. § 1 Anm. 19 ff.

[2] Sozialgeschichte Böhmens I, 204.

gung des Umstandes, daſs wir es mit einem etwas eifernden Kanonisten zu tun haben, der, auch abgesehen von einer etwaigen Überlieferung, durch (zweifellos echte) Sage, Geschichte und eigene Erfahrung zu einer solchen Rekonstruktion gedrängt wurde — einen sehr gewichtigen Beitrag zur Erkenntnis der altböhmischen und damit der indogermanischen Familie. Die Richtung, die Cosmas eingeschlagen hat, ist richtig, wenn auch die konkrete Ausgestaltung bemängelt werden muſs.

Der Grundgedanke der Schilderung des Cosmas ist eine groſse Freiheit des ehelichen resp. geschlechtlichen Lebens.

Die ehelichen Zustände der Böhmen lassen sich noch ins eilfte Jahrhundert hinein am besten mit dem Ausdrucke wilde, freie oder, wie Post[3] sagt, lose Ehen charakterisieren. Die Ehe ist mehr ein Friedens-[4] und allenfalls Gewaltverhältnis, als ein Rechtsverhältnis. Schon der Abschluſs der Ehe erfolgt zunächst wohl meist ohne besonders stark ausgebildeten Formalismus. Wesentlich ist bloſs die Begründung des faktischen Verhältnisses. So in der Erzählung vom goldenen Zeitalter[5], so auch selbst bei der stark exogamischen Ehe Lubossas mit Przemysl. Lubossa läſst den Przemysl holen, geht ihm entgegen, et inter se consertis dextris cum magna laetitia tecta subeunt, thoris discumbunt, Cerere et Bacho corpora reficiunt, cetera noctis spatia Veneri et Hymenaeo indulgent[6]. Die Handreichung ist gewiſs bloſs des Chronisten Konstruktion. Es bleibt also nur das Festmahl und das Beilager, und dazu noch der Umstand, daſs der Mann von der Frau geholt wird. Dieselbe Anschauung zeigt eine Anekdote aus der Studienzeit des heiligen Adalbert in Magdeburg[7].

---

[3] A. H. Post, Ethnologische Jurisprudenz I, 51 ff. und 59: (Monogamie) „so locker, daſs die Ehegatten nur kurze Zeit bei einander bleiben und sich dann wieder mit anderen Ehegatten verbinden". Vgl. auch Schrader, R.-L. 154: „Eine vorhistorische Bezeichnung für diesen Begriff (Ehe) läſst sich nicht nachweisen."

[4] Über Frieden im Sinne von Zuneigung, „Freundschaft" siehe vorläufig § 10 Anm. 4 ff. Mit diesem amor mutuus erklären sich die Berichte über die eheliche Treue der Sklavinnen (Maurikios, Bonifacius bei Palacky, Dějiny I, 1, 216 f., Masûdi in der Übersetzung bei Wattenbach, Widukind S. 145), sofern sie nicht bloſs als sentimentaler Aufputz erscheinen. Über die Formlosigkeit der slavischen Ehebegründung und -Lösung, sowie über die Schwäche des ehemännlichen Rechtes vgl. auch P. Turner, Slawisches Familienrecht, Straſsburger Dissertation 1874, S. 16 ff.

[5] Cosmas I, 3; oben § 1 Anm. 19.

[6] Cosmas I, 8. Lippert, Soz.-Gesch. Böhmens I, 116, findet hier einen Nachklang von Begründung eines Kaufeherechtes. Vgl. noch oben § 2 Anm. 5.

[7] Canaparius 5 (Fontes Rerum Bohemicarum): Quadam die dum iret de scolis, unus qui erat socius itineris praetereuntem puellam humo prostravit et causa ludi eum desuper proiecit. Concurrunt scholares et quidnam foret acturus cum iugenti chachinno exspectant. Ille vero qui

Ein Knabe wirft zum Scherz den jungen Scholaren über ein vorübergehendes Mädchen. Der slavische Heilige glaubt dadurch schon verheiratet zu sein. Nicht ein „Erwerb“ kommt in Betracht, sondern der tatsächliche Besitz des Mädchens. Diese Formlosigkeit wird dadurch gefördert, dafs anfangs die Bande der Sippe schwach sind [8]. Selbst die „Raubehe“ ist in Böhmen keine Verletzung der Sippe, sondern einfache Wegnahme des Mädchens. Ein „Frauenraub“ wird überhaupt erst in der durch Przemysl eingeleiteten, auf ganz neuen kriegerischen Grundlagen beruhenden Periode erwähnt, nämlich bei der Sage von der Besiegung der Amazonen [9]. Aber auch hier handelt es sich durchaus nicht um die Verletzung einer Sippe durch den Raub ihrer Schutzgenossen. Angegriffen ist hier der aufserhalb des normalen Familienrechtes liegende Amazonenverband. Von einer böhmischen Raubehe (an einer Ehegattin) zu Beginn des elften Jahrhunderts (1004) erzählt Cosmas recht greifbar [10]. Herzog Udalrich erblickt die Božena. Hanc continuo mittens dux tulit in sua, nec tamen antiqua solvit conubia, quia tunc temporis . . . nec nefas fuit viro rapere alterius uxorem et uxori alterius nubere marito. Also der Raub einer Ehegattin ist nicht einmal ein Rechtsbruch [11] gegen den Ehemann; sein Recht dauert nur so lange, als er die Frau wirklich hat. Und ähnlich wird es auch gegenüber der Sippe einer Jungfrau gewesen sein. Wie fremdartig mutet dagegen den Slaven Cosmas der Raub der Deutschen Judith

---

vestitam virginem tetigit', o bona stultitia! iam se nupsisse verissime credidit. Inde erigens se de invisa virgine, dedit se bene simplex puer in amarissimas lamentationes, atque . . . heu me! nupseram, inquid, et criminis machinatorem digito monstrans: hic me nubere fecit!

[8] Siehe unten § 5.

[9] Cosmas I, 9. Die geschlechtlichen Verhältnisse der Amazonenepisode werden folgendermafsen geschildert: 1. non eas viri set ipsaemet sibi viros, quos et quando voluerunt, accipiebant. (Vgl. dazu unten Anm. 67 ff.) 2. Et quia saepe virgines solertiores ad decipiendos iuvenes fiebant, saepe autem iuvenes virginibus fortiores existebant, modo bellum, modo pax inter eos agebatur. Dafs es sich dabei wenigstens auch um Frauen- resp. Männerraub (bellum) oder aber friedliche Vermischung (pax) gehandelt habe, zeigt die gleich folgende Erzählung: Et dum interposita pace potiuntur, placuit utrisque partibus, ut componerent cibis et potibus simbolum, et per tres dies sine armis sollempnem insimul agerent ludum in constituto loco... iuvenes cum puellis ineunt convivia... und in der Nacht singuli singulas rapuere puellas. Mane autem facto, iam pacis inito pacto (Reim!) sublatis Cerere et Bacho ex earum oppido muros Lemniaco vacuos indulgent Vulcano. Et ex illa tempestate, post obitum principis Lubossae, sunt mulieres nostrates virorum sub potestate. Zu beachten ist auch, dafs es sich hier um zwei verschiedene Stämmchen, also Begründung von Exogamie, handelt, da die zwei Burgen an den beiden verschiedenen Moldauufern liegen. — Die Fälle, die H. Jireček, Právo slovanské I, 138 f., zum Jahre 869 und 800 als Frauenraub anführt, sind wohl beide unbrauchbar.

[10] Cosmas I, 36.

[11] Er ist allenfalls ein Friedensbruch.

in Schweinfurt durch Břetislaw (1030) an[12]! Wenn nun diese Laxheit in den höchsten Kreisen bestanden hat, wie mufs das erst in den breiten Schichten des Volkes gewesen sein, und ganz besonders zu einer Zeit, wo Flüssigkeit den Grundzug der Rechtsverhältnisse ausmachte. Im ganzen dürfte erst das Vorherrschen des Ackerbaus, wo die Frau ganz besondere wirtschaftliche Bedeutung erlangt, Kaufehe und Raubehe befestigt haben.

Auf schwache Begründungsakte weist auch die leichte Trennbarkeit der Ehe[13]. Am Ende des zehnten Jahrhunderts (995) beklagt sich der heilige Adalbert super illicita discidia inconstantis coniugii[14], und zum Jahr 1004 sagt Cosmas[15] nec nefas fuit viro rapere alterius uxorem et uxori alterius nubere marito, und tatsächlich wird die von Brzetislaw „geraubte" Božena, bisher Gattin des Kresina[16], nunmehr ohne weitere Umstände Gemahlin des Herzogs. Dasselbe ergibt sich aus dem kirchlich beeinflufsten Dekrete Břetislaws (1039): hoc meum maximum et primum sit decretum, ut vestra connubia ... sint insolubilia[17]. Den Ausgangspunkt

[12] Cosmas I, 40: .. Bracislaus ... coepit cogitare, utrum eam vi rapere temptet an dotalibus connubia paret. Sed maluit viriliter agere, quam supplicando colla submittere. Perpendit enim innatam Teutonicis superbiam et quod semper tumido fastu habeant despectui Sclavos et eorum linguam. Der Raub der Judith und seine Folge, die Fehde, wird dann eingehend beschrieben. Als notwendig erscheint Cosmas hier der Raub wegen der weitgehenden Stammesverschiedenheit und Fremdheit der Brautleute. Vgl. dagegen die germanische Auffassung z. B. bei Brunner, A.-G. I, 72: „Germanische Sagen und Dichtungen preisen den Helden, der sich durch kühne Waffentat aus dem Hause des Feindes das Eheweib holt." Vgl. noch über die indogermanische Raubehe Schrader, A. L. S. 652 f.

[13] Sie weist darauf hin, dafs das „Eherecht" gewöhnlich weder auf Raub noch auf Kauf gegründet war. So auch schon Dobner II. 67. Vgl. auch Post, Ethnologische Jurisprudenz 1, 53. Die schroffe Formulierung von Schrader, R.-L. S. 162: „In der Urzeit war demnach die Frau mit ehernen Banden an den Mann gekettet", scheint mir sehr bedenklich, namentlich sofern rechtliche Bande gemeint sein sollten.

[14] Cosmas I, 29.

[15] Cosmas I, 36.

[16] Dafs diese femina nomine Bozena, quae fuit Cresinae nicht die Tochter, sondern die Gattin des Cresina gewesen sei, vermutet Lippert, Soz.-Gesch. Böhmens I, 205. Es ergibt sich unzweifelhaft aus den nachfolgenden Worten: nec nefas fuit viro rapere alterius uxorem u. s. w., die nur vom Raub einer Gattin, nicht aber von Mädchenraub sprechen. Das ist auch die Auffassung der Hradischer Annalen zu 1002 (Fontes Rerum Bohemicarum II. 388): ex Bozena coniuge aliena non ex propria Bracizlaum filium genuit. Über den Raub von Ehefrauen anderer, namentlich niedriger Gestellter vgl. B. Delbrück, Die indogermanischen Verwandtschaftsnamen, Abh. d. sächs. Ges. d. Wiss. 1890 S. 553 [175].

[17] Cosmas II, 4. Die Worte: si autem coniunx virum aut vir coniugem spreverit, et rixa inter eos usque ad discidium efferbuerit, qui ex eis in priorem copulam legitime celebratam redire noluerit, nolo, ut secundum ritum nostre terre huius rei violator in servitutem redigatur, sed potius nostri immutabilis decreti per angariam,

zu diesen Verhältnissen, wonach der Mann die Frau verstofsen, die Frau dem Manne davongehen kann, bilden die Zustände des goldenen Zeitalters, welche der Chronist in etwas eifernder Weise mit den Worten ausmalt: connubia erant illis communia.

Der Verschwommenheit von Beginn und Endigung entspricht auch das rechtliche Verhältnis zwischen Mann und Frau während der Ehe. Gewifs haben wir als hauptsächlichste rechtliche Grundlage des Ehelebens, soweit ein solches Platz greift, das bereits arische Mannesrecht[18] zu sehen. Von einem Mutterrecht weist auch die böhmische Sage keine Spur auf. An ihrer Spitze steht der pater Bohemus, dann folgt Krak, und diesem ihrem Vater in Ermangelung von Söhnen die Tochter Lubossa. Durch die Vermählung mit Przemysl begründet Lubossa das männerrechtliche Geschlecht der Przemysliden, wie schon die Stammtafel erweist. Als Beleg für das Männerrecht kann auch jene Stelle der Adalbertslegende angeführt werden, wo dem Ehemann die Aufgabe zugewiesen wird, seine ehebrecherische Gattin zu töten[19]. Ferner kommen hier jene Berichte in Betracht, die von Tötung oder Selbstmord der slavischen Witwen erzählen[19a].

Das Recht der Mannes ist aber im allgemeinen als Recht schwach. Die Frau ist ziemlich selbständig. So wählt Lubossa selbst den Gatten, sie verschwindet auch nicht hinter ihm nach geschlossener Ehe[20]. Die Frau kann auch, wie oben gezeigt

---

qualiscunque sit persona, redigatur in Ungariam, et nequaquam liceat, ut pretio se redimat aut in hanc terram redeat, ne unius contagio oviculae totum Christi serpat per ovile — weisen schon auf ältere Bekämpfung der Ehescheidungen hin. Jedenfalls hat sich noch Herzog Udalrich an irgend ein Verbot nicht gebunden erachtet, als er dem Cresina sein Weib wegnahm. In dem ritus nostrae terrae mit B. F. Kaindl, Über die angebliche Vielweiberei bei den alten Böhmen in den Mitt. des Vereins f. Gesch. d. Deutschen in Böhmen 31 (1892) S. 193, schon einen „alten heidnischen Brauch" zu sehen, der die Löslichkeit der Ehen bekämpfte und nun durch Břetislaw in christlichem Sinn gemildert werde, halte ich für unmöglich.

[18] Vgl. Schrader, Reallexikon der indogermanischen Altertumskunde a. S. 154 ff., 215 ff., 564 ff, 661 und 925 ff. B. W. Leist, Altarisches ius gentium, 1889, S. 487 ff. Derselbe, Altarisches ius civile II (1896) S. 106 ff. B. Delbrück, Die indogermanischen Verwandtschaftsnamen (Abh. d. sächs. Ges. d. Wiss. XI, 5) S. 440. Vgl. auch Brückner, Arch. f. slavische Philologie Bd. 21 S. 22 ff.

[19] Canaparius c. 19 (Fontes Rerum Bohemicarum 1, 252 f.). Vgl. Brunonis V. Adalberti c. 16 (daselbst 1, 281). Näheres § 5.

[19a] Maurikios und Bonifacius bei Palacky, Dějiny I, 1, 216 f. Masûdi in der Übersetzung bei Wattenbach, Widukind S. 145. Ebenso des Arabers Bemerkung: „Die Frauen sind keusch nach der Hochzeit". Vgl. auch Abraham Jakobson c. 12 (Wattenbach S. 144 f.) „die Könige (!) halten ihre Frauen abgeschlossen und sind sehr eifersüchtig auf sie".

[20] Cosmas I, 5 ff., namentlich „domina nostra Lubossa mandat . . ut cito venias u. s. w. (I, 6), und domina (Lubossa) . . viro suo Premizl

wurde, beliebig die Ehe lösen[20a]. Die Möglichkeit eines Ehebruchs (im juristischen Sinn) der Frau ist damit nicht ausgeschlossen[21]. Immerhin ist es charakteristisch, dafs in einer dem zehnten Jahrhundert angehörigen Situation der Mann nicht besonders darauf reagiert. Die Adalbertslegende[22] berichtet, wie eine adlige Ehebrecherin von der Sippe des betrogenen Gatten diesem zur Bestrafung überliefert wird. Der Mann weigert sich aber, die Todesstrafe an der Schuldigen zu vollziehen. Die Verbrecherin wird dann im Auftrage der Sippe durch einen Diener getötet.

Überhaupt ist die Rechtsstellung der Frauen nicht besonders beschränkt. Das Beispiel der Lubossa zeigt, dafs es anfangs selbst im Staatsrecht durchaus nicht für anstöfsig galt, dafs eine Frau die höchste Gewalt bekleide[23]. Neben der

---

et aliis senioribus populi astantibus . . . befiehlt die Gründung von Prag (I, 9). — Nach alter böhmischer Sitte verschafft die Umarmung oder Berührung durch die Gattin oder Königin dem verfolgten Verbrecher Frieden; Jireček, Recht in Böhmen II, 121. — Den Zug der Sage, dafs Przemysl eigentlich von Lubossa auserkoren wird, scheinen Lippert, Soz.-Gesch. Böhmens I, 116 und Bachmann, Gesch. Böhmens I, 116 nicht als historisch anzuerkennen. Er wird aber wohl durch unsere Ausführungen ganz glaubhaft gemacht. Vgl. auch noch die Hradischer Annalen (Fontes Rer. Boh. II, 386): Premizl qui . . in . . principatum est raptus. Über weibliche Hausvorstandschaft Peisker, Národopisný sborník, 1899, S. 98.

20a Vgl. auch Qazwînî II, 404 bei Jacob, Ein arabischer Berichterstatter . ., 1890, S. 13: „Auch erzählt er (Tartûšî), dafs das Recht der Scheidung bei den Frauen ist: das Weib scheidet sich selbst, wann sie will.“ Anders bei den Germanen, Schröder, Rechtsgeschichte[3] S. 303. Vgl. aber auch Lehmann-Schnorr, Die Njálssage S. 34 ff.: Scheidungsrecht der Frau wegen Impotenz des Mannes; ferner Grimm, R.-A. 1, 626 f. Die Annahme O. Schraders, Reallexikon S. 661, die (indogerman.) Frau könnte sich unter keinen Umständen vom Manne scheiden, hat demnach nicht alle Wahrscheinlichkeit für sich. Auch hier übersieht wohl Schrader, dafs die gesellschaftliche Ordnung zum grofsen Teil und namentlich auf niedrigeren Kulturstufen auch Friedensordnung ist.

21 Vgl. Anm. 19. Ein Ehebruch durante matrimonio und das Verlassen des Ehegatten, also Aufhebung der ehelichen Gemeinschaft, ist doch zweierlei! — Über Ehebruch vgl. im allgemeinen B. Delbrück, Die indogermanischen Verwandtschaftsnamen, S. [174 f.] = 552 f. Schrader, R.-L. S. 156 ff. Über Zeugungshelfer daselbst S. 984 f.

22 Canaparius c. 19 (Fontes Rerum Bohemicarum 1, 252 f.): Mulier cuiusdam nobilis cum clerico adulterasse publice arguitur . . . Rapitur infelix, frustra pressis altaribus et sub manu coniugis capitalem iussa est subire sententiam. Quod cum ille, velut vir iustus, facere nollet, sub gladio vilis vernulae truncata, poenas male usi corporis capite exsolvit. Auf die summarische Darstellung bei Brun c. 16 (Fontes Rerum Bohemicarum 1, 281 f.): Occidit ut solet humanis erroribus, ut quaedam matrona ingenitam nobilitatem oblita, scortum faceret, et palam facto peccato, maritus vitam mulieris quaereret . . . mulierem capite truncant — ist wohl weniger Gewicht zu legen. Vgl. zu dieser Erzählung Jireček, Recht in Böhmen I, 55 f.; Kaindl, Mitt. d. Vereins f. Gesch. d. Dtsch. in Böhmen 31 (1892) S. 192.

23 Über die Natur dieser höchsten Gewalt siehe § 8. Diese

agnatischen hatte die kognatische Muttersippe eine nicht zu unterschätzende Bedeutung[24]. Es ist das in einer Gesellschaftsordnung, die fast mehr auf Frieden, als auf Recht gegründet ist, ganz natürlich. Die Friedensordnung gewährt der Frau eine ganz eminente Stellung. Was in der Gewalt- und Rechtsordnung der Held ist, ist in der Friedensordnung die weise Frau[25]. Und parallel damit steht dem indogermanischen Vaterrechte nicht ein principielles Mutter r e c h t, sondern ein Mutter f r i e d e zur Seite[26].

Die Selbständigkeit der Frauen in der czechischen Sagenzeit führte sogar zu der ganz sonderbaren Bildung der A m a z o n e n. Trotz der allgemeinen Abneigung, die Existenz dieser Amazonen[27] anzuerkennen, möchte ich doch eine Lanze für sie brechen. Das wichtigste Bedenken, das gegen die Realität dieser eigentümlichen Gesellschaftsform sich aufdrängt, ist die

---

Funktion der Frau scheint auch K r e k, Einleitung S. 163, vorgeschwebt zu haben. Über germanische Richterinnen, namentlich die Nornen, vgl. J. G r i m m, R.-A. 2, 358.

24 Vgl. § 5 Anm. 23 f.

25 Über die weisen Frauen der Germanen vgl. namentlich W e i n h o l d, Deutsche Frauen ² I, 63 ff. Über indogermanische Verhältnisse O. S c h r a d e r, Reallexikon S. 609 f., 45 ff.

26 An dieser Formulierung ist J. L i p p e r t, Geschichte der Familie S. 4 f. hart vorübergekommen. Er wirft aber Mutterrecht und Mutterliebe zusammen. Auf die historische Entwicklung des Verhältnisses dieser beiden Elemente kann hier nicht eingegangen werden. Der Mutterfriede verdichtet sich gelegentlich zu einem M u t t e r r e c h t, aber nur ausnahmsweise. — Den Standpunkt S c h r a d e r s, Reallexikon S. 564, der im Anschlusse an B e r n h ö f t, Staat und Recht der römischen Königszeit (1882) S. 191 ff. geneigt ist, die Berücksichtigung der weiblichen Verwandtschaft bei indogermanischen Völkern auf den Einflufs vorindogermanischer Völker Europas zurückzuführen, kann ich nicht teilen. Vgl. noch den auch bei S c h r a d e r, a. a. O. zitierten D e l b r ü c k, Preufsische Jahrbücher LXXIX S. 14 ff.

27 Selbst P a l a c k ý I, 1, 107, der auch hier wieder jüngere Sagenbildungen und die Fälschungen einflicht, ist geneigt, hier eine rein erfinderische Sagenbildung auf Grund der Ruine irgend einer sog. „Mädchenburg" anzunehmen. Ähnlich auch D o b n e r II, 220 f. Vielleicht hätte P a l a c k ý, auch hier einen andern Standpunkt eingenommen, wenn er sich blofs an die nüchternere Darstellung des Cosmas gehalten hätte. Auch B a c h m a n n, Mitt. d. Inst. f. öst. G.-F. 20 (1899) S. 44, erklärt die Amazonensage selbst als „sachlich ohne Belang". Ebenso B a c h m a n n, Geschichte Böhmens S. 115. Etwas ernster nimmt die Lubossasage in seinen etwas schöngeistigen Ausführungen über Frauenherrschaft und Amazonen J. L i p p e r t, Die Geschichte der Familie, 1884, S. 82 ff., namentlich 85 und 94. Dagegen erklärt er in Czechische Ursage S. 14, 16 die Amazonensage bei Cosmas als Produkt einer volkstümlichen Sagendichtung auf Grund des Burgnamens Diewin (Mägdeburg) und der Ausschmückung des gelehrten Chronisten. — D o b n e r II, 212 ff. meint in seiner sehr gelehrten Ausführung, die Amazonensage sei aus der slavischen Urheimat mitgebracht und in Böhmen lokalisiert worden. Beachtenswert sind seine Notizen über Beteiligung slavischer Frauen an Kämpfen. Auch P u b i t s c h k a I, 246, will der Erzählung „nicht allen Glauben absprechen".

Frage, ob Cosmas seine Erzählung nicht Justinus[28] entnommen hat. Diese Frage mufs in der Hauptsache verneint werden. Hier wie anderwärts hat der Chronist seine gelehrte Bildung herangezogen, aber der Inhalt seiner Erzählung ist im Kern echte Sage. Darauf weist schon die Wendung, die Cosmas von den böhmischen Mannweibern gebraucht, sie hätten sich veluti Amazones benommen. Sie zeigt, dafs ihm etwas Selbständiges vorliegt, was er mit den Amazonen vergleicht. Der Chronist wiederholt aber auch durchaus nicht die Erzählung des Justinus[29]. Seine Amazonen sind etwas in jeder Beziehung anderes, als die der Antike. Die skythischen Amazonen sind ein Surrogat für die nach Asien auf Kriegsfahrt ausgezogenen Männer. Dagegen erzählt Cosmas, die Jungfrauen seien ohne Joch herangewachsen, sie hätten die Waffen ergriffen, sich Führerinnen erkoren, der Jagd gefrönt, sich Männer ausgesucht und in ihrem Übermut sogar eine „Burg" gebaut.

Dazu kommt, dafs der Inhalt der Sage durchaus nicht absolut widernatürlich ist. Amazonen werden auch sonst[30] namentlich bei den Slaven erwähnt. Hier scheinen mir besonders gewichtig die Berichte der Araber. Der Jude Abraham

---

[28] Justinus II, 4: Sed apud Scythas . . duo regii iuvenes . . per factionem optimatium domo pulsi . . ziehen nach Cappadocien mit einer ingens iuventus. Dort wird aber schliefslich die ganze Schar niedergemacht. Horum uxores cum viderent exilio suo additam orbitatem, arma sumunt finesque suos . . defendunt. Nubendi quoque finitimis animum omisere, servitutem, non matrimonium appellantes . . . . Et ne feliciores aliae aliis viderentur, viros qui domi remanserant interficiunt . . . Tum pace armis quaesita, ne genus interiret, concubitus finitimorum ineunt. Si qui mares nascerentur, interficiebant. Virgines in eundem ipsis morem, non otio neque lanificio, sed armis equis venationibus exercebant, inustis infantum dexterioribus mammis, ne sagittarum iactus impedirentur; unde dictae Amazones . . . c. 5: Scythae autem tertia expeditione Asiana cum annis 8 a coniugibus ac liberis afuissent, servili bello domi excipiuntur. Quippe coniuges eorum longa expectatione virorum fessae nec iam teneri bello, sed delatos rotae servis ad custodiam pecorum relictis nubunt, qui rerersos cum victoria dominos velut advenas armati finibus prohibent.

[29] Cosmas I, 9: virgines huius terrae sine iugo pubescentes veluti Amazones militaria arma affectantes et sibi ductrices facientes, pari modo uti tirones militabant, venationibus per silvas viriliter insistebant, non eas viri, set ipsaemet sibi viros, quos et quando voluerunt, accipiebant; et sicut gens Scitica Planci sive Picenatici, vir et femina in habitu nullum discrimen habebant. Unde in tantum feminea excrevit audacia, ut in quadam rupe, non longe a praedicta urbe, oppidum natura loci firmum sibi construerent, cui a virginali vocabulo inditum est nomen Diewin.

[30] Vgl. Post, Ethnographische Jurisprudenz 1, 158 f.: „Es kommt bei geschlechterrechtlicher Organisation oft vor, dafs sich die geschlechterrechtlichen Verbände nach Altersklassen (vgl. unsere virgines, iuvenes) gliedern, in denen die Genossen allmählich zu vollberechtigten Verbandsgliedern aufrücken. Diese Klassen haben besondere Namen, Sitten und Funktionen im sozialen Organismus. Die so verbundenen Altersgenossen wohnen auch oft in gemeinsamen Klubhäusern (vgl. unsere

Jakobsen[31] erzählt: „Von den Russen gegen Abend liegt die Stadt der Frauen. Diese besitzen Äcker und Sklaven. Von ihren Sklaven werden sie schwanger und wenn eine von ihnen einen Knaben gebiert, tötet sie ihn. Sie reiten zu Pferd, führen selbst Krieg und sind voll Mut und Tapferkeit. Abraham Jakobsen, der Jude, sagt: und der Bericht über diese Stadt ist wahr; Otto, der römische Kaiser, hat es mir selbst erzählt." Und ähnlich At-Tartušî, der aber wahrscheinlich den Abraham Jakobsen ausschreibt[32]. Die communis opinio erklärt dies Ganze für ein Schiffermärchen, welches ähnlich schon Wulfstan an König Alfred erzählte und das mit gelehrten Reminiszenzen Adam von Bremen IV, 19 auftischt. Entstanden sei es aus dem einheimischen Namen von Finnland, Kainulaiset, von den Schweden übersetzt als Quänland, von Wulfstan Mägdhaland, was dasselbe bedeutet[33]. Dieser Einwand ist gewifs ungemein gewichtig. Könnte dagegen aber nicht doch in Betracht kommen, was Tacitus von den Finnen erzählt? Idemque venatus viros pariter ac feminas alit; passim enim comitantur, partemque praedae petunt[34]. Bei diesem Jägervolke jagen die Frauen ziemlich gleichberechtigt mit.

Burgen Diewin und Hrasten = Wyschehrad). Die Genossen stehen oft in engen Beziehungen zu einander, namentlich in einer Art Vermögens- und Weibergemeinschaft. Auch die Weiber bilden wohl derartige besonders organisierte Banden." Vgl. auch J. Kohler, Die Ehe mit und ohne Mundium, Z. f. vgl. R.-W. VI (1886) S. 324. — Bei der Sonderbildung der Amazonen besteht wirkliches Mutterrecht. Vgl. noch Post, a. a. O. 1, 139 f. und 184: „Entweder der Mann bleibt in seiner Hausgenossenschaft und stattet der Frau nur Besuche ab, oder er geht in die Hausgenossenschaft des Weibes über, und gerät hier in eine dienende, oft sogar sklavenartige Stellung." Der Übergang des Mannes in die Hausgenossenschaft der Frau allerdings ohne Unterwerfung des Gatten findet sich auch noch im Verhältnis von Lubossa und Przemysl.

[31] Abraham Jakobsen c. 7 in der Übersetzung von Wattenbach (Geschichtsschreiber der deutschen Vorzeit 33) S. 142. Kętrzyński, Rozprawy der Krakauer Akademie d. Wiss., Hist.-phil. Cl. 37 (1899) S. 16, meint, Kaiser Otto hätte sich einfach aus Ibrahim einen guten Tag gemacht und ihm ein antikes Märchen aufgebunden. (?)

[32] Tartušî bei Jakob, Ein arabischer Berichterstatter (Qazwînî) S. 35 f.: „Ihre (der Stadt, auf einer Insel im westlichen Meer) Bewohner sind Frauen, über welche die Männer keine Gewalt haben. Sie reiten die Rosse und nehmen den Krieg selbst in die Hand. Sie zeigen grofse Tapferkeit beim Zusammenstofs. Auch haben sie Sklaven. Jeder Sklave begibt sich der Reihe nach in der Nacht zu seiner Herrin, bleibt bei ihr die Länge seiner Nacht und erhebt sich mit dem Morgengrauen und geht heimlich beim Tagesanbruch hinaus. Wenn dann eine von ihnen einen Knaben gebiert, tötet sie ihn auf der Stelle, wenn sie aber ein Mädchen gebiert, läfst sie es leben." Das ist allerdings sehr fabelhaft.

[33] So K. Müllenhoff, Deutsche Altertumskunde II, 10; v. Gutschmid, Archiv f. Kunde österr. G.-Qu. 17 (1857) 299 und Lappenberg in seiner Ausgabe des Adam von Bremen M. G. SS. VII, 375, die weitere Quellen und Litteratur angeben. Vgl. auch Wattenbach in der angegebenen Übersetzung S. 142 Anm. 1.

[34] Germania 46. Dazu Müllenhoff, a. a. O. S. 40 ff.

Die Forderung des Anteils an der Beute geht zurück nicht auf ihre eheliche Stellung, sondern auf ihre Teilnahme an der Jagd. Und gerade die böhmischen Amazonen werden von Cosmas besonders als Jägerinnen geschildert. Dazu kommt eine andere Stelle des Tacitus[35]: Suionibus Sitonum[36] gentes continuantur. Cetera similes uno differunt, quod femina dominatur. Sind das nicht wirkliche Amazonenzustände? Müllenhoff[37] weifs zwar sehr plausibel zu machen, dafs auch diese Nachricht des Tacitus eine Fabel sei, entstanden auf Grund der Umbildung des Namens Kainulaiset ins Deutsche. Hält man aber die gewifs unbedenkliche Nachricht über die Gleichstellung der finnischen Frau im Erwerbsleben (Germania c. 46 cit.) und die jedenfalls für die Ästier ganz charakteristische Verehrung der Göttin-Mutter[38] sowie den prinzipiell unkriegerischen Zuschnitt dieses Volkes[39], ferner die Lubossa der Czechen, die weise Frau der Galinden[40] und etwa zum Überflufs auch noch die germanische Veleda[41] damit zusammen, so wird man doch zu ernsten Bedenken gegenüber der Anfechtung der Nachricht des Tacitus von dem weiblichen Regiment bei den Sitonen angeregt.

Das Motiv, dafs die Geschlechter einander eventuell sogar feindlich gegenübertreten, das Palacký so widernatürlich erscheint[42], findet sich auch sonst bei den Slaven erwähnt. Eine Stelle des Petrus von Dusburg (1326) berichtet solches von dem preufsischen Stamm der Galinden[43]. Anläfslich einer Hungersnot sollen die Männer, nachdem der Beschlufs, die weiblichen Geburten zu töten, infolge der Verheimlichung derselben durch die Mütter illusorisch geworden war, den

---

35 Germania 45.

36 Das sind Finnen; vgl. Müllenhoff, Deutsche Altertumskunde II, 9 f.

37 Deutsche Altertumskunde II, 10 f.

38 Tacitus Germania c. 45: Aestiorum gentes .. matrem deum venerantur. K. Müllenhoff, Deutsche Altertumskunde II, 28 f., scheint mir diesem Zug doch nicht ganz gerecht zu werden. Die ästische Göttin mag wohl mit der germanischen Nerthus auf die indogermanische Mutter Erde zurückgehen, aber während bei den Germanen diese weibliche Gottheit von den männlichen kriegerischen Göttern immer mehr bei Seite geschoben wird, dürften die Ästier, das viel ältere Stadium besonderer Präponderanz dieser weiblichen friedlichen, Gottheit festgehalten haben. Vgl. noch unten § 10 Anm. 33 ff.

39 Müllenhoff, a. a. O. II, 29 f.

40 Im folgenden. Vgl. auch noch die weisen Frauen (Hexen u. dgl.) in der Neklansage, Cosmas I, 11.

41 Tacitus Historiae 4, 61 late imperitabat, vetere apud Germanos more, quo plerasque feminarum fatidicas augescente superstitione arbitrantur deas. Dazu Germania c. 8 und Müllenhoff, D. A. IV, 207 ff.

42 Palacký, Dějiny I, 1, 107.

43 Vgl. dazu A. Brückner, Beiträge zur ältesten Geschichte der Slaven und Litauer im Archiv für slavische Philologie 21 (1898) 22 ff.

Frauen die Brüste abgeschnitten haben[44], damit sie die Kinder nicht nähren können. Die Weiber wenden sich in ihrer Not an eine weise Frau, ad quandam dominam, que secundum ritum ipsorum sacra et prophetissa reputabatur, ad cuius imperium huius facta singula terre regebantur, welche die Grofsen beruft und ihnen mitteilt, dafs die Götter ihnen einen Beutezug gegen die Christen auftragen. Hier ringen ohne Rücksicht auf Familienbande das männliche und das weibliche Geschlecht jedes mit den ihm eigenen Mitteln miteinander.

Berücksichtigt man auch noch die Amazonensage des Altertums und die Existenz solcher Formationen bei modernen Naturvölkern, so wird man wohl auch nicht den böhmischen Amazonen von vornherein skeptisch gegenüberstehen.

Die Amazonensage pafst auch ganz gut in die altböhmischen Sozialverhältnisse hinein. Es wurde bereits ausgeführt, welch selbständige Stellung die Frau in den Anfängen der slavischen Geschichte Böhmens gehabt hat. Das entspricht auch den wirtschaftlichen Verhältnissen. Bei den niederen Ackerbauern tritt die Frau in der Regel „als Genossin, zuweilen sogar als Herrin des Mannes auf“. Erst bei höherem Ackerbau tritt eine stramme Überordnung des Mannes ein[45]. Reiche Grundbesitzer sind es denn auch, die sich gegen das Regiment Lubossas auflehnen. Die Przemysl-Samonische Zeit, in welche die Amazonensage von Cosmas verlegt wird, brachte nun einen kriegerischen Ton auf. Es ist nicht unwahrscheinlich, dafs der neue Geist nicht blofs Männer, sondern auch die ohnehin nicht allzusehr differenzierten Frauen, namentlich bei den wirtschaftlich zurückgebliebenen „jagdliebenden“ Stämmchen ergriffen hat[46]. Gegen die Awaren haben vielleicht auch Weiber mitgekämpft[47]. Der Gebrauch der Waffe, der früher harmlos von beiden Geschlechtern geübt wurde[48], mag nun in

---

[44] Dieses Motiv erinnert sehr an die Erklärung des Namens der Amazonen bei Justinus II, 4, oben Anm. 28. Vgl. dazu weiter A. Brückner, a. a. O. Beachtenswert ist auch Lex Salica 20, 4 (cod. 5 ff.): Si quis mamillam mulierem strinxerit aut sciderit quod sanguis egressus fuerit de bructe (Var. mulierem mamellam capulaverit u. dgl.), sol. 45 culp. iud. Ferner der Eid auf die Brust bei Grimm, R.-A. 2, 548 f.; Brunner, R.-G. 2, 432; v. Amira, Recht S. 164. Daraus liefse sich ableiten, dafs diese Verstümmelung eine Form der gegen Frauen vorkommenden Mifshandlungen gewesen sei, so dafs die schon bei Justinus a. a. O. angeführte Erklärung des Namens der Amazonen als Brustlose auch einen tieferen Sinn haben könnte, als ihr blofs nach der etymologischen Spielerei zukommt.

[45] Grofse, Formen der Familie S. 182. 243. 218 ff. Vgl. daselbst auch 172 f. die Ausführung, wie der Ackerbau nach Frauenraub drängt.

[46] Vielleicht gehören die jagdliebenden Amazonen einem Teil- oder Nachbarstämmchen der Czechen an. Vgl. noch Bachmann, Mitt. d. Inst. f. öst. G.-F. 20 (1899) S. 44.

[47] Vgl. auch noch Cosmas I, 12 am Ende (Neklansage).

[48] Vgl. etwa Tacitus Germania c. 46 cit. über das Jagdvolk der Finnen. Über berittene Frauen selbst bei den Slaven vgl. Dobner II, 112.

schärferen Zeiten gelegentlich zu Sonderorganisationen und Konflikten geführt haben. Die bewaffnete Weiberbande ist endlich den Männern unterlegen.

Für die Existenz der eigentümlichen Amazonenehen sprechen auch Züge aus dem Leben Lubossas. Sie sucht sich ihren Gatten selbst aus[49], ja die Sage kennt auch ein Gerücht, wonach die Seherinfürstin schon vorher mit Przemysl Umgang gehabt hätte[50], ganz so, wie es von den Amazonen und Priesterinnen bei Cosmas, in der Antike und auch in der Gegenwart berichtet wird[51].

Endlich ist noch der Einfluſs der awarischen Zwingherrschaft zu beachten[52], der eine Desorganisation des normalen Ehelebens fördern muſste. Die Przemysl-Samonische Zeit hat dann gründlich Ordnung gemacht und ein festes Männerrecht in der Ehe hergestellt. Et ex ea tempestate (d. i. seit dem Raub der Mädchen und der Zerstörung ihrer Burg), post obitum principis Lubossae sunt mulieres nostrates virorum sub potestate, sagt der Chronist[52a]. Man sieht, daſs dieses feste Männerrecht der böhmischen Ehe anfangs nicht eigentümlich war. Die Zeit, in der es begründet wurde, weist auf deutschrechtliche Rezeption.

Die groſse Laxheit der Ehe hängt auch noch zusammen mit einer starken Endogamie, mit Heiraten innerhalb der Geschlechter, unter den Verwandten, wie sie ja z. B. auch bei den Germanen[53] bekannt ist. So mag mit Rücksicht auf die

---

[49] Vgl. oben Anm. 20.

[50] Cosmas I, 6: Ite securi (sagt Lubossa), meum equum sequimini, ipse vos ducet recta via et reducet, quia ab illo non semel illa via est trita. Vana volat fama, nec non et opinio falsa, quod ipsa domina equitatu phantasmatico semper in noctis conticinio solita sit ire illo, et redire prae gallicinio: quod Iudaeus credat Apella. Mir ist auch vom Hörensagen die Erzählung bekannt, die heutige Ruine auf Wyschehrad sei ein Bad Lubossas gewesen; dort habe sie Männer empfangen und dann in die Moldau hinabgestürzt.

[51] Post, Ethnologische Jurisprudenz I, 19 f.: „Vor allem ist es gewöhnlich, daſs vornehme Weiber, Prinzessinnen und Königinnen ein derartiges eheloses Leben führen (d. h. ihre Liebe nur nach Gunst ihren Liebhabern zuwenden), und ebenso gewöhnlich ist es, daſs Priesterinnen ehelos und in vollständigem Hetärismus leben. Ein Ausfluſs solcher hetäristischen Sitten ist es, wenn hier und dort die Weiber das Recht haben, sich ihre Männer zu wählen. Namentlich steht ein solches Wahlrecht Weibern von fürstlichem Geblüte zu . . . .“

[52] Fredegar Chronicarum IV, 48 (M. G. Scriptors rerum Merowingicarum II, 184): „Chuni aemandum annis singulis in Esclavos veniebant, uxores Sclavorum et filias eorum strato sumebant. . . Filii Chunorum, quos in uxores Winodorum et filias generaverant . .“

[52a] Vgl. auch Groſse, Formen der Familie, S. 183, wonach auch im Gebiete des Ackerbaus die Unterordnung der Ehefrau von jeher die Regel und die Überordnung die Ausnahme gewesen ist.

[53] Vgl. H. Brunner, Deutsche Rechtsgeschichte II, 664; R. Schroeder, Lehrbuch der deutschen Rechtsgeschichte[3] 303. — Vgl. ferner Post, Die Grundlagen des Rechts (1889) S. 245 ff.; O. Schrader, Reallexikon S. 908 ff.

grofse Freiheit der Ehe das Gesamtbild leicht einer Gruppenehe geähnelt haben[53a]. Auf solche Zustände beziehen sich jedenfalls die Klagen Adalberts de incesta copula, und auch wohl das Anathem des Bischofs Severus gegen die conubia quae actenus habuistis ut lupanaria et ceu brutis animalibus communia, sowie das Gebot Břetislaws, conubia . . iuxta canonum scita sint privata.

Diese Verordnungen des Bischofs und des Herzogs betreffen aber zweifellos auch Polygamie. Vielweiberei ist im altböhmischen Leben zweifellos vorgekommen[54]. Fredegar berichtet über Samo, dafs er 12 wendische Frauen gehabt habe[55]. Samo war allerdings Franke; ihm mag die Sitte von Haus aus nicht unbekannt gewesen sein. Wie er aber vielleicht einen slavischen Namen angenommen hat[56], so mag auch seine Vielweiberei den slavischen Sitten entsprochen haben. Schon aus politischen Gründen ist eher anzunehmen, dafs Samo hier den wendischen Sitten entgegengekommen sei, als dafs er sich mit ihnen in Widerspruch gesetzt hätte. Vielleicht hat er einen grofsen Teil seines Reiches zusammengeheiratet[57]. Auch Adalbert im 10. Jahrhundert

---

53a Vgl. Post, Ethnologische Jurisprudenz I, 45: „Die endogene Gruppenehe berührt sich in ihrer äufseren Erscheinung oft unmittelbar mit individuellen Ehen, die formlos eingegangen werden und nach Belieben jedes Ehegatten jederzeit auch formlos wieder aufgelöst werden können, eine Eheform, welche weit auf der Erde verbreitet ist."

54 Das wird fast allgemein angenommen. Vgl. Fr. Palacký, Dějiny I 1, 217, H. Jireček, Recht in Böhmen I, 47. So auch schon Dobner II, 67. Vgl. L. Giesebrecht, Wendische Geschichten 1, 38 f. Krek, Einleitung S. 60, 362. Mit Recht wird aber dabei gelegentlich betont, dafs Vielweiberei nicht die gewöhnliche Eheform gewesen ist. Für die Germanen vgl. etwa Schroeder, R.-G. S. 70 und 110. Dagegen sucht R. F. Kaindl, Über die angebliche Vielweiberei bei den alten Böhmen, in den Mitteil. des Vereins f. Gesch. d. Deutschen in Böhmen 31 (1892) S. 189 ff. nachzuweisen, dafs es eine Polygamie in Böhmen überhaupt nicht gegeben hat. Der Versuch ist als mifslungen anzusehen. Über Altpreufsen siehe Hein, Altpreufsische Wirtschaftsgeschichte bis zur Ordenszeit, Z. f. Ethnologie 20 (1890) S. 165. Über die Elbslaven Abraham Jakobson c. 12 (Wattenbach S. 144 f.): „Manchmal hat einer ihrer (der Könige) 20 oder mehr Ehefrauen." — Vgl. auch noch allgemein: Post, Ethnologische Jurisprudenz 1, 60: „Das Verbot der Polygamie ist dagegen eine ziemlich seltene Erscheinung. — Überall, wo eine monandrisch-monogynische Eheform vorkommt, finden sich deutliche Spuren der monandrisch-polygynischen Ehe." Grofse, Formen der Familie 108: „Alle Hirtenvölker halten Vielweiberei für ein Recht des Mannes, aber nur wenig Individuen machen von diesem Rechte Gebrauch." Berthold Delbrück, Die indogermanischen Verwandtschaftsnamen, Abh. der phil. hist. Klasse der kgl. sächs. Ges. d. Wiss. 11. Bd. (1890) S. 540 f. Schrader, R.-L. S. 634 f.

55 Fredegar IV. 48 (M. G. Ser. rer. Mer. II S. 145): Samo 12 uxores ex genere Winodorum habebat.

56 Vgl. oben § 2 Anm. 5 ff.

57 Vgl. oben § 2 Anm. 5, 10.

stöfst sich an der Vielweiberei[57a]. Noch im elften Jahrhunderte finden sich zum mindesten starke Nachklänge der Vielweiberei. Im Jahre 1002 raubt Udalrich die Božena, ohne seine bisherige kinderlose Ehe zu lösen[58]. Der Sohn aus dieser zweiten Ehe, Boleslaw, wird dann Herzog von Böhmen. Im konkreten Falle könnte es sich um blofse Notpolygamie handeln wegen Unfruchtbarkeit der ersten Frau[59]; doch wird diese nicht als Grund für die zweite Ehe angeführt. Der Grund für die Ehe mit Božena ist nach der Darstellung des Cosmas lediglich die Leidenschaft des Fürsten für die schöne Bauersfrau[60]. Vielleicht handelt es sich um eine blofse Kebsehe, doch ist aus der Darstellung des Chronisten kein Grund hierfür, sondern eher für das Gegenteil zu entnehmen[61].

Dagegen ist Vielmännerei — abgesehen vielleicht von besonderen Ausnahmefällen, die bei der Laxheit aller Verhältnisse immerhin möglich wären — abzulehnen[62]. Nirgends wird meines Wissens in den Quellen erwähnt, dafs eine Frau zu gleicher Zeit mehrere Männer gehabt, dafs mehrere Männer zusammen eine Frau genommen hätten. Wenn es

---

57a Canaparius c. 12 (Font. rer. Boh. I, 244): Prima etvelut principalis causa propter plures uxores unius viri.

58 Cosmas I, 36: hanc dux tulit in sua, nec tamen antiqua solvit conubia, quia tunc temporis, prout cuique placuit, binas vel ternas coniuges habere licuit.... Et quod nunc ascribitur pudori hoc tunc fuit magno dedecori, si vir una coniuge aut coniux uno viro contenti viverent.

59 Cosmas a. a. O.: Huic (Udalrich) ex legitimo matrimonio non est nata soboles propter infoecunditatem coniugis; sed ex quadam femina nomine Bozena.... filium.... suscepit.

60 a. a. O.: Nam quadam die de venatu cum rediret per villam rusticanam, hanc.... feminam ad puteum lavantem pannos vidit et intuitus eam a vertice usque ad talos, hausit pectore ignes amoris non modicos.

61 Man darf sich nicht mit Kaindl a. a. O. 191 darauf steifen, dafs Cosmas nur die erste Ehe Udalrichs als legitimum matrimonium erklärt (siehe oben Anm. 59). Cosmas sagt ja ebenso: Binas vel ternas coniuges habere licuit (siehe Anm. 58). Auch die Unebenbürtigkeit dürfte nicht viel Schwierigkeiten machen. Cosmas I, 34 (1003) wird der servus Dovora und dessen proles inter nobiles et ingenuos in aeternum erhoben. Dasselbe gilt für die Zeit des Cosmas, also 100 Jahre später: Wacek sub mola rusticana natus (Cosmas I, 35) bringt es bis zum böhmischen comes palatinus (Cosmas III, 37) und erlangt als solcher einen ungeheuren Einflufs auf die Geschicke seines Vaterlandes. Die Succession des Sohnes Brzetislaw aus der Verbindung mit Božena ist nach keiner Seite hin durchschlagend; vgl. Brunner, Z.[2] f. Rg. Germ. Abt. 17 (1896) S. 4 ff.

62 Dafür nur Frind, Kirchengeschichte Böhmens, 1864, I, 52. — Vgl. auch Post, Ethnologische Jurisprudenz 1, 59: „Wirkliche Zwangsmonogamie sehr selten. Polyandrie häufig verboten, während Vielweiberei gestattet. — Die polyandrischen Ehen scheinen zum Teil mit Armut und der dadurch veranlafsten Tötung weiblicher Kinder zusammenzuhängen." Ferner: B. Delbrück, Jdg. Verwandtschaftsnamen a. a. O. S. 544 f. O. Schrader, Reallexikon S. 633 f.

heifst, dafs die coniunx viro uno zufrieden sein solle[63], so spricht das durchaus nicht für das Bestehen von Polyandrie. Dieselbe Redewendung findet sich bei der Erzählung von der Bigamie Udalrichs 1004[64], und da hat Božena allerdings zwei Männer, aber nicht neben-, sondern nacheinander. Denn dafs Brzetislaw die Božena nicht mit dem Bauer Cresina zusammenbesessen hat, ergibt schon das „rapere“. Auch die ehelichen Verhältnisse der Amazonen scheinen nicht eigentlich polyandrisch gewesen zu sein. Ich finde keinen Anhaltspunkt dafür, dafs eine Amazone sich mehrere Männer zu gleicher Zeit gehalten hätte[65]. Für Polyandrie in Böhmen könnte ich höchstens die Parallele litauischer und preufsischer Verhältnisse anführen[66].

Als Ausläufer der freien Ehe bestand jedenfalls auch in ziemlicher Ausbreitung ein sehr freier Geschlechtsverkehr vorübergehender Natur. Dafür spricht die Schilderung des goldenen Zeitalters[67] und ebenso die Ausdrucksweise der Dekrete Břetislaws[68]. Das berichtet der Araber[69] und die Beschreibungen heutiger Verhältnisse bei den Südslawen[70]. Auf

---

[63] Decr. Brzetislaws von 1039 bei Cosmas II, 4.

[64] Oben Anm. 58.

[65] Soweit Sklaven der Mannweiber in Betracht kommen, kann von einer Ehe überhaupt nicht die Rede sein.

[66] Vgl. den bei J. Grimm, Deutsche Rechtsaltertümer I, 608, abgedruckten Bericht des Aeneas Sylvius: .... apud Litvanos more patrio nuptas, quae nobiles quidem essent unos pluresve concubinos pro viri facultatibus domi alere consuevisse, qui negligente marito onera matrimonii subeat. Das ist aber blofs eine Üppigkeit der Vornehmsten. — Nach Otto Hein, Altpreufsische Wirtschaftsgeschichte in der Zeitschrift für Ethnologie 22 (1890) S. 165 soll es bei den Preufsen vorgekommen sein, dafs Vater und Sohn gemeinsam eine Frau kaufen, die nach dem Tode des ersteren auf letzteren übergeht. Die betreffende Urkunde konnte ich mir nicht beschaffen.

[67] Cosmas I, 3: .. et ipsa connubia erant illis communia. Nam more pecudum singulas ad noctes novos ineunt hymeneos u. s. w. Vgl. S. 7 f.

[68] Cosmas II, 4: ut vestra connubia, quae actenus habuistis ut lupanaria et ceu brutis animalibus communia. — Vgl. auch Cosmas I, 6 über das Gerücht, dafs Lubossa schon vor der Verheiratung mit Przemysl Umgang gepflogen, oben Anm. 51.

[69] Masûdi bei Wattenbach, Widukind S. 145: „Die Frauen sind keusch nach der Hochzeit, aber wenn ein Mädchen einen Mann lieb gewinnt, geht sie zu ihm und befriedigt ihr Verlangen. Wenn ein Mann ein Mädchen zur Ehe nimmt und findet, dafs sie noch Jungfer ist, so sagt er: Wenn etwas an dir wäre, so würden sie Lust zu dir gehabt haben, und du würdest dir wohl einen Liebhaber ausgesucht haben. Und er schickt sie weg und will nichts mehr von ihr wissen.“ Vgl. Post, Ethnologische Jurisprudenz 1, 21 ff. Umgekehrt heute in Turopol, Marie Kosch, Zeitschr. d. Vereins für Volkskunde, hrgg. v. Weinhold, VI (1896) S. 203: „Das Mädchen ist unzugänglich, aber desto zugänglicher die Frau.“

[70] Auf eine Zusammenstellung kann hier nicht eingegangen werden. Beispielsweise sei angeführt, dafs es in Turopol geradezu ein Gesellschaftsspiel gibt, worin den Burschen für die Nacht die Mädchen, und zwar meist mit Erfolg, angewiesen werden; Marie Kosch, Die adeligen

diesem Wege mögen dann auch Verhältnisse entstanden sein, die polyandrischen ähnlich sehen[70a]. Hier wäre namentlich die „Ehelosigkeit" der Töchter Kraks zu nennen[71]. Hierher gehören auch zum grofsen Teil die geschlechtlichen Verhältnisse der Amazonen. Dafs man aber zwischen ehelichen und aufserehelichen Verhältnissen zu unterscheiden wufste, läfst sich aus dem Bericht der Sage durchspüren, wonach Lubossa mit Przemysl erst aufserehelichen Umgang gepflogen und dann sich ihm erst vermählt habe[72] — allerdings ist das der Beginn einer neuen Ära.

Es erübrigt noch eine Bemerkung über die väterliche Gewalt. Dafs eine solche bestanden hat, bedarf keiner Ausführung, sie ist arisch[73]. Nach Analogie der galindischen und sonstiger Verhältnisse[74] mufs sie mindestens das Recht der Aussetzung Neugeborener begriffen haben. Die Mutter erscheint nicht berechtigt, dies zu hindern, kreuzt es aber oft durch heimliches Aufziehen. Dieses Tötungsrecht erscheint wohl auch zu einem Recht des Verkaufs im Notfall abgeschwächt[75]. Nach Analogie der Episode von der Ehebrecherin

---

Bauern von Turopol, in der Zeitschr. des Vereins für Volkskunde, hrgg. von Weinhold, VI (1896) 363 f. Dazu vgl. etwa auch Post, Ethnologische Jurisprudenz I, 47. Viel bietet Kraufs, Sitte und Brauch der Südslaven, 1885, S. 454 ff. und Kryptadia, Die Zeugung in Sitte, Brauch und Glauben der Südslaven. Doch geht er ebenso wie sein Recensent in der Z. f. Ethnologie, 1901, S. 51, zu weit, wenn er in seinem solchen lockeren Geschlechtsleben Spuren von Hetärismus sieht. Dagegen auch Jagić im Archiv für slavische Philologie, 8, 627. Vgl. auch noch Landwehr-Pragenau, Zur Ethnographie des serbo-kroatischen Volkes, Österreichisch-Ungarische Revue, 1901, S. 355 ff., 283, 364. Ferner allgemein den Artikel „Keuschheit" bei O. Schrader, Reallexikon S. 423 ff.

[70a] Vgl. J. Kohler, Z. f. vgl. Rechtswissenschaft 10, 67. Post, Ethnologische Jurisprudenz 1, 139 f.

[71] Vgl. Post, Ethnologische Jurisprudenz I, 19 f.

[72] Siehe oben Anm. 50.

[73] Schrader, Reallexikon S. 215 f., 661, 925.

[74] Petrus von Dusburg, Cronica terre Prussie c. 4 (Scriptores rerum Prussicarum 1, 52): istis videbatur consultum, quod quicquid nasceretur sexus feminini, occideretur. Dieses Vaterrecht wird auch von den Frauen anerkannt, wenn sie es auch mit List zu umgehen versuchen. Dazu noch A. Brückner im Archiv für slavische Philologie 21, 22 ff. L. Giesebrecht, Wendische Geschichten 1, 40. Hein in der Z. f. Ethnologie 22 (1890) S. 166. Qazwînî bei Jacob, Ein arabischer Berichterstatter S. 13: Werden einem von ihnen (in Schleswig) Kinder geboren, so wirft er sie ins Meer, um sich die Ausgaben zu ersparen. Vgl. etwa noch Brunner, R.-G. I, 75 f.; Schröder, R.-G. 65; v. Amira, Recht S. 114; Schrader, Reallexikon S. 51 ff.

[75] Vgl. Jireček, Recht in Böhmen I, 48. 72; II, 39. Auch der Verkauf der Töchter zur Ehe mag eine gewisse Rolle gespielt haben; vgl. Otto Hein, Z. f. Ethnologie 22 (1890) S. 165: Die Preufsen versprechen (1249), dafs sie hinfort keinem mehr ihre Töchter zur Ehe verkaufen, noch dafs jemand für sich oder seinen Sohn eine Frau um Geld erwerben wolle. Vgl. auch Abraham Jakobson c. 5 (Wattenbach

in der Adalbertslegende dürfte dem Mann wie gegenüber der Frau so auch gegenüber den Kindern ein Recht der Tötung zur Strafe zugestanden haben. Auch hier mag der Familienfriede mildernd eingewirkt haben. Ebenso wie gegenüber der Gattin endigte auch wohl gegenüber den Kindern das Recht des Mannes leicht mit dem Aufhören des faktischen, greifbaren Verhältnisses, mit der Aussonderung aus der Hausgemeinschaft[76].

§ 5.

Das Geschlecht.

I. Das Geschlecht überhaupt.

Für das goldene Zeitalter erzählt Cosmas nichts von Geschlechtern. Er erwähnt blofs vorher eine gröfsere patriarchalische Gruppe, die, von Bohemus geführt, in Böhmen einwandert[1], und nachher, noch vor Krak, aber schon im Zeitalter des Eigentums, Organisationen von tribus und generationes[2].

Dem gewöhnlichen Sprachgebrauch nach, und speziell bei Cosmas, bedeutet generatio einen rein familienrechtlichen Verband, die Sippe, das Geschlecht[3]. Gewifs haben wir auch hier bei generatio an eine Sippe zu denken, wie eine solche heute noch in dem südslavischen bratstvo[4] sich findet. Eine

S. 141): Das Ehegeld bei den Slaven ist sehr grofs, geradeso, wie es bei den Berbern üblich ist. Wenn also ein Mann zwei oder drei Töchter bekommt, so wird dies Ursache, dafs er reich wird.

[76] Vgl. auch Turner, Slavisches Familienrecht S. 35 f.

[1] Cosmas I, 2: Senior, quem alii quasi dominum sequebantur. Näheres § 8.

[2] Cosmas I, 3: Post haec quicumque in sua tribu vel generatione persona, moribus potior et opibus honoratior habebatur.

[3] Vgl. Du Cange, v. „generatio", wonach die „vier anen" des Ssp I, 51 § 4 als quatuor generationes wiedergegeben werden. Das sind (normal) die vier Sippen, von denen der Betreffende abstammt. Ferner die „generatio nobilium" (Draganići) bei Kraufs, Sitte und Brauch der Südslaven, Wien 1885, S. 30. Namentlich aber Cosmas selbst I, 34: Gens invisa, generatio mala, Wirsovici. Ebenso III, 22: Quod illam totam generationem (der Wrschowitze) . . extinguat. Anderwärts gebraucht auch Cosmas die Bezeichnung genus, natio, z. B. III, 23: Vrisovici, nostri generis familiares inimici. III, 4: Illam nationem Wrissowici habuit exosam. — H. Jireček, Recht in Böhmen I, 24, bietet eine ziemlich verschwommene Beschreibung des Geschlechtes. Nach ihm lebten die Geschlechter „als Genossenschaften in Dorfansiedlungen, trugen einen gemeinsamen Namen, besafsen gemeinsames Vermögen und standen unter der Leitung eines Familienhauptes". Belegt und ausgeführt wird nichts, aufser einigen Ortsnamen. Lippert, Soz.-G. I, 100, arbeitet blofs mit Analogien. Ebenso Bachmann, G. B. S. 148 ff.

[4] Kraufs, a. a. O. S. 2, 15 ff., 32 ff. Die Gleichsetzung des südslavischen

„Hausgemeinschaft“ kann mit generatio nicht gemeint sein[4a]; der Name betont zu sehr blofs das persönliche Element. Auch die Worte: quicunque in sua ... generatione ... opibus honoratior habebatur .. ad illum confluebant passen auf die Verhältnisse einer Hausgemeinschaft nicht.

Wie schon der Name bratstvo ergibt, handelt es sich hier um jene agnatische Gruppe, die nicht mehr durch einen gemeinsamen Stammvater, sondern nach dessen Wegfall in ihren obersten Spitzen blofs durch das Verhältnis mehrerer Brüder verbunden ist. Es ist das zweifellos eine Parallele der deutschen Sippe, der römischen gens, des griechischen *γένος*, des keltischen (engeren) Clan, und neben allen diesen ein Derivat des indogermanischen Geschlechtes[5].

Die Sippe spielt nach den Zeugnissen der späteren Zeit eine sehr bedeutende Rolle.

Sie übt zunächst, wie sich aus einer ins zehnte Jahrhundert fallenden Begebenheit ergibt, wichtige Funktionen im Familienrecht aus. Die Gattin eines Adeligen wird öffentlich des Ehebruchs mit einem Kleriker überführt. Die Sippe des entehrten Gatten verlangt ihre Hinrichtung; sie verfolgt mit gesammelten Leuten die Ehebrecherin bis ins Asyl, reifst sie vom Altar weg und verlangt vom Ehemanne deren Tötung. Als sich dieser weigert, wird die Hinrichtung der Schuldigen durch einen Diener, offenbar im Auftrag des Geschlechtes, vollzogen[6]. Diesen Vorgängen liegt die rechtsgeschichtliche Grund-

---

bratstvo mit dem polnischen opole (Balzer, Rewizya teoryi o pierwotnem osadnictwie w Polsce S. 51) wird wohl mit Recht von K. Kadlec, Rodinný nedíl, S. 129 zurückgewiesen. Opole ebenso wie czechisch honitwa sind lokale Verbände, wie schon der Name zeigt. Lippert, Soz.-Gesch. Böhm. I, 102, konstruiert etwas poetisch: „Die benachbarten gentes schlossen das Friedensbündnis des bratstvo.“

[4a] Anders Lippert, Sozialgeschichte Böhmens I, 101: „Zu irgend einer Zeit bildete die ursprüngliche gens zweifellos auch nur eine einzige Hausgemeinschaft.“ Ebenso I, 191.

[5] Vgl. jetzt am übersichtlichsten Schrader, Reallexikon v. „Sippe“. Sonst Schrader, Sprachvergleichung und Urgeschichte S. 394. Leist, Altarisches ius gentium S. 400, 606. Leist, Altarisches ius civile II, 383. Schroeder S. 63. Brunner, Grundzüge S. 9. — Die deutschen Worte „Geschlecht, Sippe“ sollen hier für gewöhnlich generell, ohne Rücksicht auf die innere Konstruktion und nationale Zugehörigkeit des Gebildes gebraucht werden. Von den durch H. Jireček, Recht in Böhmen I, 30 angeführten Bezeichnungen ist ein grofser Teil mindestens als terminus technicus nicht böhmisch. Das czechische Wort „šlechta“ leitet Palacký, Dějiny I, 1, 189 und Jireček, a. a. O., jeder anders, aus dem Slavischen ab. Es ist wohl kein Wort darüber zn verlieren, dafs es nichts anderes ist, als das entlehnte deutsche Wort „Geschlecht“.

[6] Canaparius c. 19 (Fontes Rerum Bohemicarum I, 252 f.): Mulier cuiusdam nobilis cum clerico adulterasse publice arguitur. Quam cum more barbarico parentes dedecorati coniugis decapitare quaererent (unrichtig übersetzt J. Lippert, Soz.-Gesch. Böhmens I, 312, dafs die Eltern [parentes] des betrogenen Mannes die Strafe der Enthauptung

idee einer Strafgewalt der Sippe in Familiensachen zu Grunde, wie ja ähnliches aus dem germanischen Rechte bekannt ist[7]. Als besondere Eigentümlichkeit erscheint aber die passive, ja widerstrebende Haltung des Mannes[8], der nach deutschem Recht doch als der zunächst Beteiligte gilt.

Der geschilderten Strafgewalt der Sippe gegen die Ehebrecherin entspricht jedenfalls auch deren Beteiligung beim Eheabschlufs.

Das Geschlecht übt Fehde für Friedensbruch und haftet für Friedensbruch, begangen durch Missetat eines seiner Angehörigen gegenüber der Fehde der verletzten Sippe. Als der heilige Adalbert die genannte ehebrecherische Frau eines Adeligen vor der sie verfolgenden Sippe des betrogenen Gatten durch Gewährung eines Asyls in der Georgskirche retten will, wird ihm zugerufen: habemus fratres tuos, in quorum uxoribus prole et praediis hoc malum ulciscamur[9]. Bekannt sind auch die Kämpfe der Przemysliden mit den Slawniks und den Wrschowetzen[10].

über die Verbrecherin verhängen, und das soll dann wieder „der Vater des Verletzten, d. i. wohl der Hausvorstand, des noch unabgeteilten Sohnes" sein) fugit illa . . ad . . episcopum. Volens autem de illorum manibus mulierem liberare, clausit eam in monasterio . . s. Georgii . . . Impia manus . . armato milite episcopale forum irruperunt . . . . Rapitur infelix (femina), frustra pressis altaribus et sub manu coniugis capitalem iussa est subire sentenciam. Quod cum ille, velut vir iustus, facere nollet, sub gladio vilis vernulae truncata, poenas male usi corporis capite exsolvit. Summarisch berichtet Brun c. 16 (Font. Rer. Boh. I, 281 f.): ut . . maritus vitam mulieris quaereret. Im Folgenden wird dann blofs von einer armata manus in unbestimmten Pluralen gesprochen. Zweifellos gebührt Canaparius der Vorzug. Vgl. auch Wattenbach, Deutschlands Geschichtsquellen I, 436 und 354.

[7] Vgl. Tacitus Germania c. 19: accisis crinibus, nudatam, coram propinquis expellit domo maritus ac per omnem vicum verbere agit. Brunner, R.-G. I, 91 f.; Schröder, R.-G. S. 65. Amira 109.

[8] Vgl. oben § 4 Anm. 19, 21, 22.

[9] Canaparius, a. a. O.

[10] Vgl. namentlich Cosmas I, 34 (1003): Interea ducis Bolezlai domestici et familiares inimici, gens invisa, generatio mala, Wirsovici . . . capiunt dominum suum (Jaromir) et crudeliter ligant, atque nudum et resupinum per brachia et pedes ligneis clavis affigunt humi, et saltant saltu ludentes militari, saltantes in equis trans corpus sui heri. — III, 4 wird Mutina, Sohn des Bosa, von Brzetislaw verbannt und sein Vermögen eingezogen. Ebenso wird Bosey Filius Cac cum uxore et duobus filiis über die Grenze geschafft; semper enim illam nationem Wrissowici habuit exosam. — III, 22: Zuatopluc . . pro nichilo reputat si unum Mutinam puniat, iam diris promissis cum iuramento se obligat, quod illam totam generationem ut lucernam gladio extinguat. III, 23 sagt derselbe Zuatopluc: O gens invisa propagoque diis odiosa! O nequam filii Vrisovici, nostri generis familiares inimici! An unquam mihi excidet de memoria, quod super atavum meum Jaromir in monte Veliz vobis quidem ludicra, nobis autem fecistis sempiterna ludibria? An immemor ero, quod fratrem meum Bracizlaum . . . tu et frater tuus Bozey . . . necastis? U. s. w.

Auch vor Gericht tritt das Geschlecht durch den Vorstand klagend auf[11].

Das Geschlecht ist ferner ein wichtiger politischer Körper[12].

Es spielt, wie zahlreiche patronymische Ortsnamen ergeben, eine grofse Rolle bei der Besiedlung[13].

Im Vermögensrecht bildet es die Grundlage von Hauskommunionen[14], es übt ein Zustimmungsrecht bei Veräufserungen[15] aus, es hat ein Erbrecht[16].

Gewifs ist auch das Geschlecht ein besonderer militärischer Körper. Das ergibt schon dessen Zusammenhalten in Fehdesachen[17], das häufige Zusammenwohnen auf einer Burg[18].

Für die Sagenzeit sind diese Funktionen des Geschlechtes bedeutend abzuschwächen. Besonders im goldenen Zeitalter mufs die Sippenorganisation sehr bröcklig gewesen sein. Die Schilderungen der Sage, namentlich die freie Ehe[19] und die Unstätigkeit des Aufenthalts[20], lassen eine Strammheit in dieser Beziehung nicht zu. Damit im Einklang steht es, dafs Cosmas dieses Gebilde für sein goldenes Zeitalter überhaupt nicht erwähnt. Solche Verhältnisse entsprechen aber auch nach neueren Forschungen vollständig dem Zu-

---

11 Vgl. Brun V. Adalberti c. 21 (Fontes Rerum Bohemicarum I, 288): Maior frater.... Quaerelas etiam imperatori fecit, quod dux Boemiorum Bolizlavus sine misericordia sibi suisque fratribus plura mala fecisset.

12 Vgl. z. B. Cosmas I, 42: Et iterum Jaromir ad populum: Accedant inquit de gente Muncia, accedant de gente Tepca, et vocat eos nominatim quos norat armis potentiores, fide militia fortiores et divitiis eminentiores.... Te autem fili moneo... His urbes et populum ad regendum committas, per hos enim Bohemiae regnum stat et stetit atque stabit in sempiternum. Ast illos qui sunt Wrissowici ... devites .. quia nobis nunquam fuere fideles.

13 Vgl. § 2, namentlich Anm. 29 ff.

14 Siehe § 6 Anm. 8 ff.

15 Monach. Sazaw. zu 1132 (Font. Rer. Boh. II, 258): Pribizlawa, coniunx Groznatae ... in viduitate .. Postquam .. viribus corporis se destitui persensit, convocatis ad se cunctis suae cognationis natu et honore prioribus, villam Gostivar cum silva adiacente, aquis et pratis et omni proprietate sua, quam inibi possidebat, nec non et omnem familiam suam villam etiam Bosakowic ad hospitale deo et sancto Johanni Baptistae in Zazou, omnibus suis affinibus in id ipsum consentientibus obtulit et sub legitimis testibus confirmavit. Vgl. H. Jireček, Recht in Böhmen II, 147.

16 Ius Conradi bei Jireček, Codex iuris bohemici I, 57 c. 17: Si quis autem non habuerit filium et habuerit filias, ad illas deveniat hereditas aequaliter; et si non sint, hereditas deveniat ad proximos heredes. Über die Beschränkung des Erbrechtes durch das lf. Heimfallsrecht vgl. § 3 Anm. 37 ff.

17 Oben Anm. 9, 10, 6.

18 Oben Anm. 13.

19 Oben § 4 Anm. 3 ff.

20 Oben § 3 Anm. 15.

schnitt des Hirtenlebens[21], wie es das goldene Zeitalter aufweist.

Selbst nach dem goldenen Zeitalter gibt es noch Erscheinungen, die auf die losen Verhältnisse der böhmischen Urzeit hinweisen. Die Amazonensage[22] bietet Gesellschafts- und Ansiedelungsformen, die gar nichts Sippenhaftes an sich haben, ja, die eine vollständige Auflösung des Geschlechtsverbandes zeigen. Cosmas berichtet hierüber: Virgines . . sibi ductrices facientes pari modo ut tirones militabant, venationibus per silvas viriliter insistebant, non eas viri set ipsaemet sibi viros, quos et quando voluerunt accipiebant. Solche Sonderbildungen sind nur bei sehr loser Allgemeinverfassung des Geschlechtes möglich.

Auch der prinzipiell agnatische Charakter der Sippe tritt mehrfach zurück. So schon bei der Nachfolge der Töchter des Krak, wobei aber nicht übersehen werden darf, dafs der Chronist den Mangel von Söhnen ausdrücklich hervorhebt[23]. An dieser Stelle kommt auch das Umspringen aus der agnatischen in die kognatische Sippe in Betracht, wie es in der böhmischen Thronfolge zu Beginn des elften Jahrhunderts stattgefunden hat, als Wladowej von Polen, Sohn der böhmischen Prinzessin Doubrawka, unter Hintansetzung des agnatischen Stammes zur Regierung gelangte. Hier liegt eine Revolution zu Gunsten der kognatischen Sippe vor[24]. Zuletzt siegte aber doch das agnatische Geschlecht.

Nichtsdestoweniger spielt auch schon in der Sagenzeit die Sippe eine gewichtige Rolle. In dieser Hinsicht ist es beachtenswert, dafs der Sage zufolge Lubossa erst nach Beratung mit ihren Schwestern den Przemysl zu ihrem Gemahl erkiest[25], ja, dafs sie auch sonst in einer Art Gemeinschaft mit ihnen regiert[26], und zwar in einer Gemeinschaft, die auf

---

[21] Grofse, Formen der Familie S. 132: „Auf dem Boden der Viehzucht hat sich die Sippe nirgends zu einer Wirtschaftsgemeinschaft entwickelt. Die Folge davon ist, dafs die Sippe im Leben der Hirtenvölker an praktischer Bedeutung entschieden hinter der Sonderfamilie und besonders hinter der Grofsfamilie zurücksteht.

[22] Vgl. § 4 Anm. 27 ff. und § 6 Anm. 10.

[23] Cosmas I, 3: Hic tantus vir (Crocco) ac talis expers virilis fuit prolis; genuit tamen tres natas u. s. w.

[24] Vgl. A. Bachmann, Geschichte Böhmens S. 186 ff. Thietmar, Chronicon 5, 15 (M.-G. SS. 3, 797): (populus) . . . . Wlodoweium . . in sedem basilisci illius (Boleslaws III.) . . consanguinitatis linea et pietatis affectu unanimiter electum collocavit.

[25] Cosmas I, 4: Inderea predictas advocat sorores . . Illa nocte quid consilii inierint illae tres Eumenides, aut quid secreti egerint, quamvis ignotum fuerit, tamen omnibus luce clarius mane patuit, cum soror eorum Lubossa et locum ubi dux futurus latuit et quis esset nomine indicavit.

[26] a. a. O.: Sorores . . quarum magica arte et propria ludificabat populum per omnia. Vgl. auch noch unten Anm. 55.

gemeinsame sacra[27] zurückgeführt wird. Auch die Blutrache[28], Dorfgründung und (sehr lose) Feldgemeinschaft[29] der Sippe wird schon von der Sage erwähnt.

Nach allem stellt sich das Geschlecht in Böhmen als ein prinzipiell agnatischer Verband dar, der anfangs hauptsächlich durch sakrale Momente, darunter auch die Blutrache, zusammengehalten wird. Mit zunehmender Seſshaftigkeit und Landwirtschaft greift dieser Verband auch mächtig in die aufstrebende Wirtschaft ein: er wird zur Grundlage von wirtschaftlichen und Siedelungsformationen[30]. Dabei festigt er aber auch seine alte Kompetenz, so, wie gezeigt wurde, im Familienrecht, vielfach sogar auf Kosten der älteren Freiheit[31]. Daſs in der ältesten Zeit, also namentlich im goldenen Zeitalter, die awarische Wirtschaft diese Entwicklung, wenn auch wohl nicht übermäſsig, aufgehalten, und daſs der Groſsgrundbesitzer-Adel, die herrschenden Häuser (Przemysliden, Slawniks) voran, die Sippe am weitesten ausgebildet hat, braucht wohl nicht besonders ausgeführt zu werden. In letzterer Beziehung hat jedenfalls auch das lebendige deutsche Beispiel mitgewirkt. Es ist nicht gut denkbar, daſs Fürst und Adel, die im Jahre 973 ein deutsches Kirchenlied anstimmen[32], von den übrigen deutschen Sitten unberührt geblieben wären. Der Kern dieser Entwicklung ist aber slavisch, der Ausgangspunkt indogermanisch[33]. Gegenüber der parallelen germanischen Ent-

---

27 arg: „magica arte“.

28 I, 13 läſst Cosmas dem Serben Durinc, der das Haupt des ermordeten Fürstensohnes vorweist, sagen: Ecce paterni sanguinis ultor vobis quandoque nociturus iacet sine vestro sanguine victus. Vgl. allgemein Schrader. Reallexikon, v. „Blutrache“.

29 § 3 Anm. 29 ff. und § 6.

30 Vgl. auch Groſse, Formen der Familie S. 132, 139.

31 Vgl. daselbst S. 174: „Die Entwicklung des Sippenlebens durch den Ackerbau geht auf Kosten der Sonderfamilie.“ Ferner S. 207: „Die Behauptung, daſs sich die Familie erst ganz allmählich aus der Familiengruppe (d. i. aus der Sippe) abgesondert hat, findet in den Tatsachen .. keine Stütze.“

32 Cosmas I, 23: Praesul mitra redimitus novus .. intronizatur ab omnibus clero modulante: Te Deum laudamus. Dux autem et primates resonabant: Christe Keinado, Kirie eleison, und die haliegen alle helfuent unse, Kirie eleison et cetera; simpliciores autem et idiotae clamabant Kerlessu ... Vgl. dazu namentlich Krauſs, Christe ginâdô a Hospodine pomiluj ny, S.-B. d. k. böhm. Ges. d. Wiss., 1897, Nr. XIII; Batka, Studien zur Musikgeschichte Böhmens, Mitt. d. Vereins f. Gesch. d. Deutschen in Böhmen 39 (1900) S. 176 ff. Beachtenswert ist auch der Name Heriman, den 872 ein böhmischer Fürst führt; Ann. Fuldenses M.-G. SS. I, 384. Über Thakulf (849) vgl. Lippert, Soz. G. B. I, 141. Auch die Studienzeit des h. Adalbert in Magdeburg (Canaparius c. 3) gehört hierher. Vgl. auch Cosmas I, 34 (z. J. 1000): Odalricus autem a pueritia traditus erat imperatoris Henrici in curiam, quo addisceret morem et eorum astutiam ac teutonicam linguam.

33 Vgl. etwa Schrader, Reallexikon, v. „Sippe“, „Stamm“. Ferner auch Groſse, Formen der Familie, S. 53 ff., wo die Anfänge der Sippe

wicklung scheint mir die freie Sippenverfassung in Böhmen im ganzen schwächer gewesen und namentlich beim Volke auch geblieben zu sein. Das kann schon der Wirtschaftsgeschichte entnommen werden, die sofort mit einer starken Präponderanz der herrschaftlichen Organisation einsetzt.

II. Organisation des Geschlechtes.

Auf eine Differenzierung innerhalb des Geschlechtes weist die Bemerkung des Cosmas gelegentlich der Schilderung des Zeitalters des Eigentums: quicunque in sua tribu vel generatione persona moribus potior et opibus honoratior habebatur[34]. Ähnlich kommt auch Lubossa, trotz irgend welcher Gemeinsamkeit[35] mit ihren Schwestern, diesen gegenüber eine überragende Stellung zu. Für die spätere Zeit ist eine patriarchalische Organisation der Sippen bezeugt. So wird zu den Jahren 1003 und 1037 Kokan, zu 1108 Bosey als das Haupt des Geschlechtes der Wrschowitze genannt[36]. Im Hause der Przemysliden wird durch das bekannte sog. Senioratsgesetz Břetislaws (1055)[37] die Senioratserbfolge als fixes Recht festgelegt, nachdem sie früher schon in Übung gewesen und zuletzt durch das deutschrechtliche Gleichheitsprinzip ins Wanken gekommen war. Die herrschaftliche Ausgestaltung des Geschlechtes findet sich auch sonst bei den Slaven[38] und ist wohl überhaupt indogermanisch. An der Spitze der griechischen *γένη* steht der *ἄρχων τοῦ γένους*[39]. Nichts anderes ist in

---

schon bei niederen Jägervölkern, also bei einem Wirtschaftsstadium, das hinter den Indogermanen weit zurückliegt, nachgewiesen werden.

[34] Cosmas I, 3.

[35] Über die Gemeinsamkeit siehe Anm. 25 ff.

[36] Cosmas I, 34: . . Wirsowici . . . Quorum primus et quasi caput totius iniquitatis erat Kokan . . . Hic et sui propinqui mifshandeln den Jaromir. I, 42: . . At illi (Wrissowici) . . fremebant dentibus in eum (Jaromir) ut leones; nec post multos dies Kohan, de quo supra retulimus misso lictore suo, dum ille caecus purgat ventrem in necessario noctis in hora, acutissima sica perforat eum in posteriora usque ad cordis interiora. III, 23 (1108) schildert die Verfolgung der Wrschowitze durch Zuatopluk. Zuatopluk iussit, ut omnis illa natio . . plecteretur capite . . . et dixit: Qui non abhorret mea implere iussa, dabitur ei crassa auri massa. Qui autem Bosey et eius filium interficiet, centuplum accipiet et hereditatem illorum possidebit. Offenbar ist beim Hause des Bosey die Sippenvorstandschaft, da auf dessen Vernichtung ein besonderer Preis ausgesetzt wird.

[37] Cosmas II, 13. Näheres, namentlich auch Litteratur, bei A. Bachmann, Geschichte Böhmens, S. 231 ff. Vgl. auch meine Bemerkungen, Kritische Vierteljahrsschrift, 1896, S. 359.

[38] Vgl. Kraufs, Sitte und Brauch der Südslaven S. 35 ff. Krek, Einleitung S. 155 ff. — Die „Herrschaft“ kann ev. noch durch die Hausgenossenschaft verstärkt werden. Vgl. § 6 Anm. 18 ff.

[39] Iwan v. Müller, Die griechischen Privataltertümer (im Hdb. d. klass. Altertumswissenschaft) S. 20. Fustel de Coulanges, Cité antique 113, 119. Grofse, Formen der Familie S. 198.

seinem rechtsgeschichtlichen Kern der römische magister gentis[40]. Durchaus herrschaftlich ist die keltische Familienorganisation[41]. Selbst bei den Germanen lassen sich Rudimente des herrschaftlichen Prinzips im Sippenleben aufweisen. So erfolgt namentlich die Fortsetzung des Hauses durch mehrere Brüder häufig unter Überorduung (wenigstens nach aufsen) des einen, etwa des ältesten[42]. Gelegentlich finden wir auch einen Sprecher der Sippe[43], und auch die herrschaftlichen Elemente höherer Verbandsbildungen scheinen in einstigen, vielleicht vorgermanischen Sippenvorstandschaften ihr Vorbild zu haben[44]. Demnach wird auch in der gemeinsamen Urzeit von einer herrschaftlichen Geschlechtsorganisation auszugehen sein[45]. Es erscheint dann als eine spezifisch germanische

---

[40] Hermann Schiller, Römische Staatsaltertümer (in Iw. v. Müllers Hdb. d. klass. Altertumswissenschaft) S. 310. Vgl. Mommsen, Römisches Staatsrecht III, 17. Fustel, a. a. O. 118 f. Grofse, a. a. O. 200.

[41] Laveleye, Das Ureigentum, übersetzt von Bücher, 1879, S. 408 ff. Meitzen, Hdwb. der Staatswissenschaften v. „Ansiedlung“. Meitzen, Siedelung und Agrarwesen der Westgermanen u. s. w. I, 182 f. Grofse, a. a. O. 201.

[42] Nach fries. Ldr. XXI. Ems. I bei v. Richthofen, Friesische Rechtsquellen S. 72 antwortet auf eine Eigentumsklage ther alder ther anda huse eldest se. Dazu K. v. Amira, Erbfolge und Verwandtschaftsgliederung nach den altniederdeutschen Rechten S. 201. Vgl. auch die bekannte Stelle Tacitus, Germania 32: Inter familiam et penates et iura successionum equi traduntur: excipit non ut cetera maximus natu, sed prout ferox bello et melior. Dazu v. Amira, Erbenfolge S. 219. Brunner I, 81. Der älteste der Brüder ist hier wohl eine Art Hausvorstand; als solcher nimmt er den Nachlafs an sich. Dieses „Seniorat“ zeigt auch eine gewisse Laxheit; es ist vom militärischen Element durchbrochen; die Rosse nimmt der Tapferste. Vgl. auch die Ausführungen J. Peiskers, Zádruha na Prachensku, 1888, Sonderabdruck S. 3 über die Aufteilung der Hauskommunion bei den Südslaven: Liegenschaften und Inventar (landwirtschaftliche Geräte, Vieh) werden nach stirpes, dagegen das Getreide (also die Errungenschaft) nach Köpfen der erwachsenen Männer und Frauen geteilt; der bisherige Hausvorstand erhält ein praecipuum (ein Stück Land, ein Pferd, ein Gewehr u. dgl.). — In diesen Fällen ist aber immer zu beachten, dafs die „herrschaftliche“ Organisation der zur Hausgemeinschaft verbundenen Brüder durch die prinzipiell herrschaftliche Organisation des Hauses selbst verstärkt ist. Vgl. unten § 6.

[43] Lex Alamannorum 81: Si qua contentio orta fuerit inter duas genealogias de termino terrae eorum, et unus dicit: „hic est noster terminus“, alius revadit in alium locum et dicit: „hic est noster terminus“.

[44] Vgl. unten § 8 Anm. 25. Daher erklären sich auch wohl die Ausdrücke maiores natu und seniores der fränkischen Quellen. Vgl. ferner den sinistus, senescalcus, maior (domus), iunior. Vgl. auch noch P. Winogradoff, Geschlecht und Verwandtschaft im altnorwegischen Recht, Z. f. Sozial- und Wirtschaftsgeschichte VII (1899) S. 39 f. Waitz, Verf.-G. I, 60; 136 f. R. Schroeder, R.-G. 28, 30, 38.

[45] Für das indische Recht vgl. noch Julius Jolly, Recht und Sitte, im Grundrifs der indoarischen Philologie und Altertumskunde v. G. Bühler, 1896, S. 77 ff. Für die indogermanische Zeit vgl. Schrader, Sprachvergleichung und Urgeschichte 578 f. Schrader,

Tat, dieses herrschaftliche Element beseitigt[46] und in der genossenschaftlichen Sippe den Keim alles genossenschaftlichen Lebens geschaffen zu haben.

Von diesen Grundlagen ausgehend, haben wir auch für Böhmen von vornherein eine patriarchalisch angelegte Geschlechtsorganisation anzunehmen. Diese Geschlechtsvorstandschaft ist aber durchaus lax zu denken, sowohl was ihren Inhalt anbelangt als auch hinsichtlich der Person des Vorstandes. Die Befugnisse des Sippenvorstandes bestehen vorzüglich zunächst wohl in einer hervorragenden Funktion im Kultus, namentlich in der Wahrung der sacra des Urahns und in der Anführung bei der Rache[47], ferner in der Wortführung vor Gericht[48], endlich in einem in historischem Flufs begriffenen wirtschaftlichen Regiment, namentlich Landanweisungsrecht[49]. Im Zeitalter des Eigentums werden die Geschlechtsvorstände reich und dadurch noch besonders angesehen, sie werden zu Schiedsrichtern gekoren[50], und ganz besonders aus ihnen gehen die weiteren Obrigkeiten hervor[51].

Auch die Person des Sippenvorstandes ist nicht von vornherein unbedingt bestimmt. Im Zeitalter des Eigentums, schon vor Crocco, ist derjenige als Geschlechtsvorstand anzusehen, qui persona moribus potior et opibus honoratior habebatur[52]. Weiter zurück ist dann immer weniger auf den

---

Reallexikon 780. Leist, Graecoitalische Rechtsgeschichte (1884) S. 108 f., übersieht das herrschaftliche Element, er beachtet einseitig nur das „freiheitliche Element“.

[46] Über parallele Erscheinungen aus der historischen Zeit vgl. § 8 Anm. 25 und § 3 Anm. 5 ff. und 34. In Rom erfolgte die nahezu gänzliche Vernichtung des Geschlechtshauptes zu Gunsten des absoluten Staates. Über das genossenschaftliche Prinzip der deutschen Sippe vgl. namentlich O. Gierke, Genossenschaftsrecht I, 16 ff. Brunner, R.-G. I, 70. Auch meine Bemerkungen Zeitschrift der Savignystiftung f. R.-G., Germ. Abt., 1900, S. 298.

[47] Vgl. oben Anm. 25 ff. Die Pflege der sacra des Urahns ist jedenfalls uralt. Die Rache ist auch sakrale Pflicht. Das sakrale Element darf nicht überschätzt werden. Je weiter zurück, desto bröcklicher ist es.

[48] Diese ist wohl, soweit es überhaupt dazu kommt, nur ein Ausflufs der Führerschaft zur Rache.

[49] Vgl. oben § 3, namentlich Anm. 5 ff., 36. Ferner die von Palacky, Dějiny I, 1, 188 Anmerkung 150 angeführte Urkunde (Archiv Český I, 341) von 1407 März 3, wo die Witwe nach einem der noch ungeteilten Brüder Zierotin verspricht, damit zufrieden zu sein, was ihr der Geschlechtsvorstand zuweisen würde (což mi starosta dá).

[50] Cosmas I, 3: Quicumque in sua tribu vel generatione persona, moribus potior et opibus honoratior habebatur, sine exactore, sine sigillo, spontanea voluntate ad illum confluebant, et de dubiis causis ac sibi illatis iniuriis salva libertate disputabant.

[51] Cosmas I, 4: .. cives opibus et genere eminentiores et qui videbantur populi esse rectores.

[52] Es können unter Umständen auch mehrere nebeneinander oder in einer gewissen Abstufung in Betracht kommen. So nach Monach.

Reichtum Gewicht zu legen, so daſs als Kern des Ganzen das Ansehen bei den Gesippen erscheint[52a]. Wir werden zumeist nicht einmal an eine Wahl des Vorstandes durch die Geschlechtsgenossen zu denken haben, wie sie heute bei den Südslaven[53] vorkommt. Dadurch wird das ganze Verhältnis noch flüssiger. Noch in der Zeit nach Krak erscheint Lubossa, eine Frau, und zwar die jüngste unter ihren Schwestern als die erste, die angesehenste[54]. Gewöhnlich hat aber für das Ansehen, abgesehen vom männlichen Geschlecht, namentlich das höhere Alter den Ausschlag gegeben, so daſs etwa von mehreren Brüdern der älteste, bei Konkurrenz mit Neffen der Oheim u. s. w. als erster im Geschlechte galt. In dieser Richtung mag sowohl die Erfahrung des Älteren als dessen Überlegenheit den Jüngeren, namentlich Minderjährigen gegenüber gewirkt haben[55]. Daſs es sich um Keime eines Seniorats gehandelt hat, zeigt die spätere Entwicklung z. B. bei den Przemysliden[56], ebenso die häufig vorkommende Bezeichnung seniores für die rectores populi[57].

Sázaw. zu 1132 (Fontes Rerum Bohemicarum II, 258): Convocatis ad se cunctis suae cognationis natu et honore prioribus. Näheres über diese Stelle oben Anm. 15.

[52a] Vgl. auch Palacký, Dějiny I, 1, 191.

[53] Krauſs, a. a. O. S. 38. Auch Schrader, Reallexikon S. 780.

[54] Cosmas I, 4: Tertia natu minor set prudentia maior vocitata est Lubussa ... Et quia populo multa et certa praedixit futura, omnis illa gens .. hanc sibi praefecit in iudicem.

[55] Vgl. z. B. Thietmar, Merseb. Chronicon 5, 15 (M. G. SS. 3, 797): Bohemiorum dux Bolizlaus (III.) quia potestas consortis et successoris est semper pavida, Jaremirum fratrem eunuchizans, iunioremque Othelricum in termis suffocare cupiens, una cum matre eosdem patria expulit, solusque vice basilisci noxii regnans, populum ineffabiliter constrinxit. (Adalboldi) Vita Henrici II. imp. c. 44 (M. G. SS. 4, 694) .. tres filii superstites ei (Boleslaw II.) remanserunt. Quorum promigenitus, Bulizlavus nomine, adepto post patrem ducatu, ... fratrum suorum unum eunuchizavit, alterum in thermis suffocare temptavit. At illi .. in Bavariam a paterna hereditate exclusi fugerunt .. Vgl. dagegen: die Ermordung des h. Wenzel durch seinen jüngeren Bruder Boleslaw. Oder die sehr instruktive Stelle in Einh. Annales 823 (M. G. SS. I, 210): .. duo fratres, reges videlicet Wiltzorum, controversiam inter se de regno habentes, ad praesentiam imperatoris venerunt quorum nomina sunt Milegastus et Cealadragus. Erant idem filii Liubi regis Wiltzorum, qui licet cum fratribus suis regnum divisum teneret, tamen propterea quod maior natu erat, ad eum totius regni summa pertinebat. Qui cum .... interisset, populus Wiltzorum filium eius Milegastum, quia maior natu erat, regem sibi constituit; sed cum is secundum ritum gentis commissum sibi regnum parum digne administraret, illo abiecto, iuniori fratri regium honorem deferunt; quam ob causam ambo ad praesentiam imperatoris venerunt. Der Kaiser entscheidet zu Gunsten des Jüngeren.

[56] Siehe oben Anm. 37.

[57] Cosmas I, 2: senior Bohemus. I, 4: populi rectores (im Prozeſs vor Lubossa). I, 9: domina (Lubossa) praesente viro suo Premizl et aliis senioribus populi astantibus befiehlt die Gründung Prags. I, 10: populi primates der Czechen werden von Wlastislaw bedrängt. I, 19: Boleslaw enthauptet unum qui fuit primus inter seniores. Über den

Eine weitere Fixierung der Geschlechtsvorstandschaft trat dadurch ein, dafs das einmal erworbene Ansehen an die betreffende Familie, an das bestimmte Haus gebunden bleiben mufste. Das Ansehen, der Reichtum, die urgemeinsamen Hausgötter sind ja bis zu einem gewissen Grad erblich[58]. Und so mufste sich schon innerhalb der Sippe, namentlich aber dann in den höheren Verbänden die streng persönliche, auf blofs persönliche Qualitäten gegründete Vorstandschaft zur Vorstandschaft eines bestimmten Hauses, einer bestimmten Familie entwickeln. Croccos Haus wird zuletzt zum regierenden in ganz Böhmen. Und selbst in diesem Geschlecht zeigen sich beständig derartige Differenzierungen. Die Schwestern Lubossas begründen eigene Hausstände und treten vollständig zurück. Przemysl selbst erwirbt das Fürstentum Lubossas nur für sich und seine Familie, seine Descendenz, nicht auch für seine Sippe. Auch später werden die jüngeren Linien der Przemysliden durch Ausstattung mit Teilfürstentümern aus dem regierenden Hause entfernt[59]. Wie sehr man sich dieser Entfremdung und doch wieder Zusammengehörigkeit bewufst war, zeigt der Umstand, dafs noch im XIV. Jahrhundert die Bauern von Staditz als Verwandte König Wenzels I. erklärt werden konnten[60]. Eine ähnliche Differenzierung innerhalb der Sippe, freilich nicht in dem Ausmafs wie in dem bis zum Königtum gelangten Geschlecht der Przemysliden, zeigt sich bei der Sippe der Wrschowitze. Offenbar ist (1108) der Herr auf Lubic, Bosej resp. dessen Haus Haupt des Geschlechtes, weil gerade auf sie ein besonderer Preis ausgesetzt wird[61]. Einen Reflex

---

Ausdruck comites siehe unten § 7 Anm. 33. Vgl. die bekannte Stelle des Konstantin Porphyrogeneta, De administrando imperio, Bonner Ausgabe S. 128: *ἄρχοντας δὲ, ὥς φασι, ταῦτα τὰ ἔθνη μὴ ἔχει πλὴν ζουπάνους γέροντας, καθὼς καὶ αἱ λοιπαὶ Σκλαβίνιαι ἔχουσι τόπον.* In Böhmen heifst der Vorstand starosta; siehe oben Anm. 49. — Vgl. noch die Zusammenstellung bei Puntschart, Herzogseinsetzung und Huldigung in Kärnten S. 255 ff.; ferner Schrader, R.-L. S. 204 Art. „Erziehung" am Ende, und über „Kerl" als „Alter", Hausvater daselbst S. 818 f. — Alles das hindert wohl nicht, dafs der senior, wenn er ins Greisenalter eingerückt war, abgesetzt oder umgebracht wurde. Vgl. Schrader, R.-L. S. 36 ff., 661.

[58] Vgl. § 6.

[59] Die Anm. 55 abgedruckten Stellen zeigen deutlich die Bestrebungen nach Konzentrierung der obersten Gewalt in einer Hand resp. in einem Hause durch Verdrängung der Seitenlinien. Vgl. auch noch Jireček, Recht in Böhmen II, 53 ff. und bezüglich der Erblichkeit Cosmas I, 13: filius herilis des Luczanerfürsten Wlastislaw.

[60] Dalemil c. 81 v. 25 ff. (Fontes Rerum Bohemicarnm 3, 171): Jakž sě na královstvo zsvěti, | je sě svým rodem styděti. | Káza z Stadic rod svój rozehnati | a tu všiu ves Němcóm dáti. (Da er zum König geweiht war, begann er sich seines Geschlechtes zu schämen. Er befahl, aus Stadic sein Geschlecht zu vertreiben, und das ganze Dorf den Deutschen zu geben.) Vgl. Lippert, Soz.-Gesch. Böhmens I, 206.

[61] Siehe oben Anm. 36 am Ende.

solcher Differenzierungsvorgänge, deren Bedeutung weit über die Sippe hinausreicht, glaube ich auch in einem Berichte Helmolds aufweisen zu können. Der Obergott ist da eine Art Geschlechtsvorstand, Häuptling. Er imperitat, behält sich die coelestia vor, das andere trägt er den anderen auf: distribuit officia. Je näher die Verwandtschaft eines Gottes mit diesem Altgott ist, desto höher ist sein Ansehen[62]. Eine Folge davon ist, daſs die weiteren Verwandten immer mehr sinken.

§ 6.

Hausgemeinschaft und Dorfschaft.

I. Die Hausgemeinschaft.

Von der Familie und dem Geschlecht grundsätzlich zu scheiden ist die Hausgemeinschaft[1]. Dort handelt es sich um rein persönliche Verhältnisse, hier um eine vor allem örtliche Grundlage. Beide Kategorien stehen in Wechselwirkung zu einander.

---

[62] Helmold, Chronica Slavorum I, 83 (M. G. SS. 21, 75): Inter multiformia vero deorum numina, quibus arva, silvas, tristitias atque voluptates attribuunt, non diffitentur unum deum in celis ceteris imperitantem, illum prepotentem celestia tantum curare, hos vero distributis officiis obsequentes, de sanguine eius processisse et unumquemque eo prestantiorem, quo proximiorem illi deo deorum. — Vgl. auch allgemeiner Post, Ethnologische Jurisprudenz I, 159.

[1] Eine erschöpfende Übersicht namentlich der herrschenden Lehre von der Hausgemeinschaft auf Grund der Litteratur bietet Cohn, Gemeinderschaft und Hausgenossenschaft in d. Z. f. vgl. Rechtswissenschaft 13 (1898/9) S. 1 ff., speziell 99 ff. Man will nämlich — und dazu gehören sowohl der Handschriftenfälscher und die auf ihm bauenden Palacký, Dějiny I, 1, 187 ff.; Jireček, Recht I, 28, 30, 48; Krek, Einleitung 365 ff. als auch Perwolf, Slovanský sborník, 1884, S. 397, Lippert, Sozialgeschichte Böhmens I, 191 — die neueren groſsen südslavischen Hauskommunionen, die man für uralt hält, auch für Böhmen als Ausgangspunkt der sozialen Entwicklung hinstellen. Auch neuestens in seinem Aufsatz „Über die Tragweite deutscher Wirtschafts- und Gesellschaftsverhältnisse auf Böhmen im Mittelalter", Deutsche Arbeit, Jahrg. 1 (1901) S. 101, hält J. Lippert an den groſsen Hausgenossenschaften fest. Er spricht da von „Einzelhaushalten", die immer noch mehr als eine Sonderfamilie von heute mindestens (sic!) wohl den Groſsvater mit den Enkeln umschlossen. Auch A. Meitzen, Siedelung und Agrarwesen II, 668, 214, scheint mir trotz seines ausdrücklichen Widerspruchs gegen Palacký und Jireček die neuere südslavische zardruga allzusehr zu generalisieren. Desgleichen Schrader, Reallexikon S. 218, 661. Die Vertretung einer gegenteiligen, der Hausgemeinschaft ungünstigen Meinung führt namentlich J. Peisker, Slovo o zádruze in Národopisný sborník českoslovanský IV, 1899, S. 38 ff., und Z. f. Sozial- und Wirtschaftsgeschichte VII, 1899, S. 211 ff., wo auch weitere Litteratur verzeichnet ist. Zu den Ausführungen von Nowakowitsch, Selo, 1891, vgl. auch die Rezension von Jagić im Archiv für slavische Philologie 15 (1893) S. 108 ff. Eine sehr gründliche, in der Hauptsache kon-

In Böhmen ist von einer Hausgemeinschaft im gewöhnlichen Sinn zunächst nicht die Rede. Nicht einmal der senior Bohemus, quem alii quasi dominum comitabantur[2] wird als Besitzer, Erbauer, Vorstand eines Hauses gerühmt. Dazu paſst dann die Schilderung des goldenen Zeitalters, wo jeder frei umhergezogen sein und wo es ihm eben paſste, sein Nachtlager aufgeschlagen haben soll[3]. Die erbärmlichen Hütten, in beständiger Bewegung befindlich[4], wo man allenfalls eine geborgene Unterkunft namentlich für den Winter suchte, können als solche nicht die Grundlage einer nennenswerten Organisation abgegeben haben. Erst seit dem Zeitalter des Eigentums beginnt die Gründung von Häusern, „Burgen" durch die Reichen und Angesehenen: Crocco, Tetka, Lubossa u. s. w.[5]. Erst von da an können wir gröſsere Hausstände annehmen, freilich zum gröſsten Teil aus Unfreien und Schutzgenossen bestehend[6]. Die Reichen selbst waren an sich auf einen gemeinsamen Hausstand nicht angewiesen. Sie sind ja ganz besonders für neue Okkupation ausgerüstet. So bleiben die Töchter des Krak nicht in Hausgemeinschaft. Sie legen neue, eigene Burgen an. Erst mit der (relativen) Aufteilung des Bodens kommen wie bei den Germanen[7] so auch in Böhmen gröſsere Hausgemeinschaften auf. So namentlich bei den Groſsen. So leben die Söhne Slawniks und deren Nachkommen[8] in Haus-

servative Arbeit über die slavische Hauskommunion lieferte K. Kadlec, Rodinný nedíl čili zádruha v právu slovanském, 1878. Vgl. noch desselben Ausführungen in Národopisny sborník, 1900, und in Časopis Matice Moravské, 1901, S. 217 ff., 333 ff. Osw. Balzer in Kwartalnik Historyczny, 1899, S. 183 ff. (dazu Pekař in Český Časopis Historický, 1899, S. 383 ff., und in Věstník slovanských starožitností IV, 1900, S. 72 ff.), Rachfahl in Jahrbücher für Nationalökonomie und Statistik, 1900, S. 202 ff., namentlich 214. Pekař in Český Časopis Historický, 1900, S. 243 ff., ferner eine Reihe von Referenten in Věstník cit. III, 1899, S. 20 ff. — Die Ausführungen dieser Untersuchung versuchen durch gewisse begriffliche Unterscheidungen, durch Aufstellung einer historischen Entwicklungsreihe unter Anschluſs bloſs an die Daten, die wir aus Böhmen besitzen, die Lösung der Frage zu fördern.

2 Cosmas I, 2.

3 Cosmas I, 3, oben § 3 Anmerkung 15.

4 Prokopius Bell. Goth. 3, 14, oben § 3, Anm. 14, 15.

5 Cosmas I, 3 ff.

6 Einen besonders glänzenden Hausstand schreibt Cosmas I, 27 dem Slawnik zu. In domo illius honestas fulgebat et sincera dilectio, iudiciorum rectitudo et procerum multitudo. In operibus eius . . peregrinorum receptio . . Es hat hier wohl also auch das weitgehende Gastrecht fördernd eingegriffen. Für die Sagenzeit vgl. Cosmas I, 13: invenit ducem (Neklan) in Pragensi palatio cum omnibus residentem comitibus in concilio. Vgl. auch I, 9.

7 Gierke, Erbrecht und Vizinenrecht in der Z. f. R.-G. 12, S. 4, 86.

8 Cosmas I, 29: irrumpunt urbem Lubec, in qua fratres sancti Adalberti et milites universi . . . assistebant sacris missarum. — At illi . . 4 fratribus sancti Adalberti cum omni prole ante ipsum altare decollatis. Vgl. auch Brunonis Vita Adalberti c. 21 (Fontes Rerum Bohemicarum 1, 288 ff.): Relicti domi quatuor fratres.

gemeinschaft. Es finden sich sogar Hausgemeinschaften über die Brüderfamilien hinaus[9]. Vielfach hat auch das militärische Element zur Begründung gröſserer Hausstände mitgewirkt; so beim Bau der Mägdeburg und des Wyschehrad (Hrasten)[10], bei den Burgen der Groſsen. Desgleichen politische Rücksichten. Cosmas rühmt den glänzenden Haushalt Slawniks. Auch die Przemysliden führen eine groſse Hofhaltung[11]. Daſs aber eine ganze gröſsere Sippe in Hauskommunion gelebt hätte[12], ist nicht anzunehmen. Gewiſs nicht die generationes, die Cosmas im Zeitalter des Eigentums nennt[13]. Aber auch nicht später. Die Wrschowitze leben nicht in Hausgemein-

---

[9] Königsaaler Chronik, Cap. 77 (Fontes Rerum Bohemicarum 4 S. 82): Fratres quoque et consanguineos quondam illius magni Zewissii Wenceslaus in quodam castello inventos obsedit.

[10] Cosmas I, 9. — Palacký, Dějiny I, 1 S. 95, 103, und Tomek, Dějepis města Prahy I, 3 f., Geschichte der Stadt Prag I, 3 f., setzen im Widerspruche mit Cosmas die Gründung Wyschehrads vor (!) Krak.

[11] Vgl. oben Anm. 6 und § 7 Anm. 31 ff.

[12] Das ist der Kern der älteren, hauptsächlich auf Berichten über die Südslaven basierenden Theorie. Vgl. oben Anm. 1. Auch die recht gute, aber oft überschätzte Dissertation von Paul Turner, Slavisches Familienrecht, 1874, S. 3. Dagegen wird von Nowakowitsch und Peisker geltend gemacht, daſs die moderne groſse südslavische zadruga, das Zusammenleben mehrerer Familien in einem Hausstand gar nicht ursprünglich sei, sondern erst unter dem Drucke der byzantinischen, nach der Anzahl der Herde zu zahlenden Rauchsteuer, καπνικόν, dimnica und dann namentlich unter dem türkischen Drucke sich herausgebildet habe. Diese Argumente der neueren Richtung sind wohl höchst gewichtig, aber für das eigentliche Beweisthema nicht durchschlagend. Eine Parallele würden die affratationes germanischer Rechtsgebiete abgeben. Vgl. Regesto di Farfa Nr. 36 v. J. 754; dazu Brunner, Registrum Farfense S. 12; auch G. A. Schmidt, Handelsgesellschaften in den deutschen Stadtrechtsquellen des Mittelalters (Gierkes Untersuchungen 15), 1883, S. 5 f. Cohn, a. a. O. S. 68. „Haushaltungsgemeinschaft" ist hier nicht erwähnt. Es heiſst bloſs: te . . in ipsa substantiuncula nostra affratamus et in tertia portione te haeredem esse volumus. In ea vero ratione ut seu angarias sive census nobiscum pariter persolvere debeas, et si aliquo tempore nos dividere voluerimus, terras . . velut uterinus noster nobiscum dividere debeas. Die Steuern und Fronden sind eine Reallast der Grundstücke geworden: censum vel angarias de portiuncula nostra; vgl. hierüber Brunner, Rechtsgeschichte II, 232, 235. Unrichtig ist es aber, zu behaupten, daſs die Hausgemeinschaft erst durch den Steuerdruck eingeführt worden sei. Sie ist dadurch höchstens gefördert worden. Richtig Kadlec, Rodinný nedíl S. 128, welcher das bratrstwo (Geschlecht) aus mehreren Groſs- oder Einzelfamilien bestehen läſst. — Gegen die hergebrachte Überschätzung der Hausgenossenschaft spricht auch die § 5 Anmerkung 62 abgedruckte Stelle Helmolds; die Göttersippe lebt nicht in Hausgemeinschaft, die einzelnen Götter haben ihre arva, silvas. Im ganzen dürfte die altslavische Hausgemeinschaft keine gröſsere Rolle spielen als die germanische. Auch Bachmann, Geschichte Böhmens S. 148, nimmt Teilung durch die Enkel an. Vgl. auch E. Werunsky, Neue Jahrbücher f. d. klassische Altertum von Ilberg und Richter, 1901, VII. Bd. S. 436.

[13] Cosmas I, 3; dazu § 5 Anm. 3 f.

schaft. Im Jahre 1096 verbannt Brzetislaw den Mutina, Sohn des Bosa, et mittens in Boëmiam omnem e i u s iussit infiscari substantiam. Und als dann der Herzog selbst zurückkehrt, läfst er den Bosey, filium Cac, cognatum Mutinae . . cum uxore et duobus filiis über die Grenze bringen [14]. Dieser Bosey safs also wahrscheinlich bis dahin auf ihm gehörigen Gütern, die bei der Fronung des Vermögens seines Vetters Mutina unberührt geblieben waren. Auch im Jahre 1108 sind die Wrschowitze bei dem grofsen Strafgericht, das über ihr Geschlecht hereinbricht, im ganzen Lande verstreut [15]. Speziell auf der Burg Lubic sitzt nur Bosey mit seiner Gemahlin und seinem Sohne Boruth [16]. Auch die Przemysliden wurden immer und immer wieder mit Teilfürstentümern abgeschichtet.

Es ist mir nicht unwahrscheinlich, dafs bei der breiten Masse des Volkes die Hauskommunionen keine allzu grofse Rolle gespielt haben. Gerade die Zersplitterung, namentlich die des Bodens, dürfte das Emporschnellen regierender Häuser innerhalb der Sippen und den Niedergang der Massen besonders befördert haben.

Die Hausgenossenschaft steht in Wechselwirkung mit den V e r m ö g e n s z u s t ä n d e n. Sie setzt ja, wie eben gezeigt wurde, die Existenz eines Hauses voraus. Je gefestigter das Recht an diesem Hause, desto gefestigter ist die Hausgemeinschaft. Sie befördert andererseits die Gemeinsamkeit der Wirtschaft der Hausgenossen und damit namentlich die Ausbildung eines Gesamtrechtes an Haus und Hof und an der Ackerflur. Haus und Hof und Feld sind zu Zeiten fester Sefshaftigkeit Eigentum des Hausvorstandes mit starken Anrechten der Hausgenossen. Das Nähere wird an anderer Stelle behandelt [17],

---

[14] Cosmas III, 4.

[15] Cosmas III, 23: per terram discurrunt et investigant ut totam gentem illam de medio tollant. III, 24: nec in una die nec uno in loco sunt perempti.

[16] Cosmas III, 4: Bosey in villa Lubic . . . dum se locat cum filio et uxore ad prandium.

[17] Vgl. § 3, namentlich Text zu Anm. 8 ff., 18 ff., 22 ff., 33 f., 39 Von einem Miteigentum, Gesamteigentum der Hausgenossen möchte ich nicht sprechen. Es ist mir undenkbar, dafs etwa Weib und Kinder dasselbe Recht am Familiengut gehabt hätten wie der Vater. In der Sage treten z. B. die Töchter Kraks erst auf nach dem Tode des Vaters. Auch sonst tritt uns überall ein ausgesprochenes Individualeigentum entgegen; vgl. § 3 a. a. O. Wenn z. B. T u r n e r, Slavisches Familienrecht S. 38, ausführt, bei der Sonderfamilie sei der H a u s v a t e r „wirklicher Eigentümer des ganzen Familienvermögens", so ergibt sich daraus schon, dafs nicht die Hausgenossenschaft als solche das Gesamteigentum begründe. Erst wenn etwa mehrere Brüder nach dem Tode des Vaters beisammenbleiben, entsteht ein Gesamteigentum, und zwar unter einer gewissen Präponderanz des einen, namentlich des ältesten. Unrichtig, wenn überhaupt streng zu nehmen, ist die Konstruktion J i r e č e k s, Recht in Böhmen I, 28, wonach die Familiengenossen nur Nutzniefser sind. Dafs es unmöglich ist, die Hauskommunion roma-

doch mag hier auf eine ganz besonders scharfe Wirkung der Hauskommunion hingewiesen werden, auf die Tatsache, dafs ein Erbrecht nur innerhalb der Hausgemeinschaft sich behaupten konnte.

Die Gemeinschaft des Hauses steht auch mit dem Familienrecht in Wechselwirkung. Die Gesellschaft des Hauses besteht in ihrem Grundstock aus dem Vater und seiner Familie, also namentlich Weib und Kindern. Sie ist demgemäfs auch herrschaftlich organisiert und sie behält mehr oder minder stramm zum allermindesten nach aufsen diese Organisation, wenn sie nach Absterben des gemeinsamen Hausvaters nunmehr aus Brüdern und Seitenverwandten überhaupt besteht. Diese herrschaftliche Organisation, gewissermafsen auf Verdinglichung der Stellung des Familienvaters beruhend, zeigt sich namentlich in der gemeinsamen Wirtschaft der Hausgenossen. Der Hausvater leitet die Wirtschaft, er wird Eigentümer von Haus, Hof und Feld [18]. Dafs in der Sage Krak oder Lubossa als Vorstände ihrer Häuser Krakow, Lubossin aber auch Prag zu denken sind, kann wohl nicht bezweifelt werden. Von den in Hausgemeinschaft lebenden Söhnen

---

nistisch zu konstruieren, zeigt deutlich die Mühe, die in seinem vortrefflichen Buche Rodinny nedíl S. 134 ff. Kadlec sich gibt, um mit dem römischen Kommunions- und Korporationsbegriff hier durchzukommen. Er vergleicht die ältere zadruga mit dem Fideikommifs, dessen Unterschiede er ganz richtig hervorhebt, und findet die neuere zadruga aus Kommunions- und Korporationselementen zusammengesetzt. Er widerspricht Spevec, der (nach Kadlec, a. a. O.) darin eine communio, modifiziert durch familienrechtliche Bande, erblickt. Mir scheint die zadruga in allem wesentlichen mit der deutschrechtlichen Ganerbschaft übereinzustimmen (so auch Pekař, Č. Č. H. 1900, [cit.] S. 263 ff. im Anschlufs an Schröders Rechtsgeschichte), die ja bekanntlich ähnlichen Konstruktionsgewalttätigkeiten, wie die angeführten, ausgesetzt war. Der Schlufs Kadlec', die zadruga sei ein besonderes Privatrechtsinstitut, das einerseits auf den Prinzipien des Familienrechts, andererseits auf den Grundsätzen des kollektiven Sachenrechtes beruhe, ist keine Konstruktion. Auf weitere Ausführungen kann im Rahmen dieser Abhandlung nicht eingegangen werden, doch möge bemerkt werden, dafs das nachmalige Abschichtungsrecht auch der Kinder gegen den Vater (vgl. namentlich Wssehrd VI:7:1, 2 und v. Czyhlarz, Zur Geschichte des ehelichen Güterrechts im böhmisch-mährischen Landrechte, Leipzig 1883. S. 1 ff.) zur Widerlegung eines ursprünglichen Individualeigentums des Vaters wohl nicht ausreicht. — Einen völligen Mangel an Verständnis gegenüber dem deutschrechtlichen Gesamthandprincip, neben dem die Überhebung gegenüber O. Gierke recht sonderbar sich ausnimmt, zeigt Krčmář in Sborník věd státních a právních II (1902), 184 f.

[18] Vgl. Anm. 17. Bei den späteren grofsen, nicht mehr durch den lebenden Stammvater, sondern nur mehr durch Brüder und sonstige Seitenverwandte zusammengehaltenen und gar bei den künstlichen, vertragsmäfsigen Hausgenossenschaften entsteht dann nach erbrechtlichen und vertragsrechtlichen Grundsätzen Miteigentum und Gesamteigentum. Nur dieses darf aus den Schilderungen der südslavischen Hauskommunion entnommen werden.

Slawniks weilt der älteste unter anderem in Angelegenheiten des gemeinsamen Hauses, also als dessen Vertreter nach aufsen, beim Kaiser[19]. Auch die Burgen Diewin und Chrasten haben wir uns trotz prinzipieller Gleichstellung der Teilnehmer mit einer persönlichen Spitze zu denken[20].

Andererseits reflektiert sich die Hausgemeinschaft sehr stark auf das Familienrecht. Es ist gezeigt worden, dafs nicht blofs in der ältesten Sagenzeit das mundium des Vaters über Weib und Kinder nicht länger gedauert habe, als der faktische Besitz, ihre Zugehörigkeit zum Hause[21].

Auch mit politischen Verhältnissen steht die Hausgemeinschaft in Wechselwirkung. Gröfsere, namentlich an Schutzgenossen reiche Hausgemeinschaften werden zunächst von den Vornehmen gegründet[22]. Die Amazonen und die „Jünglinge" organisieren sich zu politisch-militärischen Körpern und gründen als solche ihre Burgen[23]. Andererseits zeigt sich die Hausgemeinschaft selbst wieder als politisch wirkendes Element. Die Begründung von Hausgemeinschaften ermöglicht es, namentlich den adeligen Familien, der gefährlichen Konkurrenz des Herrscherhauses besser zu widerstehen. Und nach einer zweiten Seite hin führt das Eintreten in eine Hausgemeinschaft politische, faktische, zuletzt rechtliche Unterordnung herbei. Die freien Volksgenossen, die dem Rufe Kraks oder Lubossas zur Gründung ihrer Burgen folgen, werden zu Schutzgenossen, schliefslich zu Grundholden[24]. Die Adeligen, die am Hofe des Adeligsten sich bewirten lassen, werden zu dessen Untertanen[25].

Die Wirkungen der Hausgemeinschaft auf das Vermögens-, Familien- und Verfassungsrecht lassen sich unter den bekannten Gesichtspunkt zusammenfassen, dafs die sinnlich greifbare Erscheinung das ihr zu Grunde liegende ideelle Recht überdeckt, dafs die Form vor der Idee den Vortritt erhält, ja, dafs die

---

[19] Brunonis V. S. Adalberti c. 21 (Fontes Rerum Bohemicarum 1, 288): Quinque fratres habuit . . . Ex quibus maior frater in servitium imperatoris profectus . . . . Quaerelas etiam imperatori fecit, quod dux Boemiorum Bolizlavus sine misericordia sibi suisque fratribus plura mala fecisset. Huius usque in adventum . . relicti domi quatuor fratres pacem impetrarunt.

[20] Arg. „sibi ductrices facientes pari modo uti tirones militabant" Cosmas I, 9.

[21] § 4 Anm. 13 ff. und am Ende.

[22] Hierher gehört die Gründung von Burgen wie Krakow, Lubossin, Prag u. dgl.

[23] Cosmas I, 9: Unde in tantum feminea excrevit audacia, ut . . oppidum . . construerent . . . Quod videntes iuvenes . . . aedificant urbem.

[24] Vgl. § 3 Anm. 36 ff. bis 51.

[25] Vgl. § 7 Anm. 31 ff. Vgl. auch Schrader, R.-L. S. 56: „Auch bei Homer ist es durchaus das übliche, dafs der König mit den Geronten beim Mahle beratet." Daselbst auch über die persischen und germanischen Beratungen bei Gelagen.

blofse Form einen ihr entsprechenden Inhalt unter Umständen erst zu schaffen vermag.

Unberührt durch diese Auseinandersetzungen bleibt ein älteres Gebilde, das ich, um Verwirrungen vorzubeugen, lieber Herdgemeinschaft nennen würde. Ein solches Vorstadium der Hausgemeinschaft, die Gemeinschaft des Herdes, der Herdsacra, des Feuers[26] scheint mir als gesellschaftsbildendes resp. familienzusammenhaltendes Element durchaus angenommen werden zu müssen. Nach dem, was wir von der Rolle des Herdes wissen, mufs hier namentlich der Frau eine bedeutendere Funktion zugefallen sein. Es würde das mit der im allgemeinen relativ gröfseren Bedeutung der Frau in der „Urzeit" zusammenstimmen. Nichtsdestoweniger erscheint bei den Indogermanen als Mundwalt, als Schützer des Herdes der Mann. Als Hypothese möchte ich aufstellen, dafs diese Herdgemeinschaft, Feuergemeinschaft den Ausgangspunkt der indogermanischen, also vorslavischen und vorgermanischen Sippe bildet. Der Besitzer des uralten event. blofs vermeintlich urgemeinsamen Herdes ist das Haupt der agnatischen Sippe[27].

II. Das Dorf.

Das nächst höhere lokale Gesellschaftsgebilde nach der Hausgemeinschaft ist das Dorf. Für das goldene Zeitalter nennt Cosmas keine Dörfer[28]. Erst seit Krak können wir in der Sage Dorfgründungen aufweisen. An die Burgen schliefsen sich Dörfer[29] an. Sie sind herrschaftlich organisiert und bestehen aus der Hausgemeinschaft des Gründers, des Dorfherrn,

---

[26] Vgl. z. B. B. W. Leist, Altarisches ius gentium, 1889, S. 59 ff., 402 ff. Derselbe, Altarisches ius civile I (1892) S. 148 ff. Auch Schrader, Reallexikon der idg. Altertumskunde, v. „Herd". Beachtenswert ist besonders, dafs die Gottheit des Herdes weiblich ist. Am Herd hat auch die Frau des Hauses ihren Sitz; vgl. Schrader, a. a. O. S. 341. Siehe ferner daselbst S. 356 ff.

[27] Die gemeinsamen sacra halten selbst die bereits differenzierten Völkerschaften zusammen; vgl. z. B. die Kultverbände der Germanen, namentlich bei Tacitus Germania c. 39, 40. Dazu K. Müllenhoff, D. A. 4, 461. Weinhold, Berliner S.-B., 1890, S. 612. Ueber gemeinsame Gentilsacra vgl. auch ganz allgemein, hauptsächlich auf Grund von Kraufs, Sitte und Brauch der Südslaven, Lippert, Sozialgeschichte Böhmens I, 101 f. — An eine Herdgemeinschaft scheint gelegentlich Lippert zu denken, so a. a. O. 194. Da er aber doch wieder nur die neuere südslavische Hauskommunion beschreibt, die erst ein verhältnismäfsig spätes Produkt ist, so wäre hier eine Auseinandersetzung gegenstandslos.

[28] Damit stimmt auch die oben § 3 Anm. 15, 16 angeführte Stelle des Prokopius überein. Doch wäre hier irgend welche Schroffheit der Auffassung nicht am Platze. Selbst zu Zeiten gröfster Beweglichkeit bleibt die Sippe im allgemeinen beisammen.

[29] Vgl. § 3 Anm. 28. A. Huber, Geschichte Österreichs I, 53 scheint blofs an Sippendörfer zu denken.

und den Häusern, die sich daran entwickeln, sei es durch Ausscheidung aus der herrschaftlichen Hauskommunion, sei es durch Anschlufs ganz freier Elemente — die allerdings sehr bald ihre volle Freiheit einbüfsen — an die Gründung. Neben dem herrschaftlichen bietet die Sage auch einen genossenschaftlichen Dorftypus, die villa nomine Stadici[30]. Die für diese Dörfer bestehende Gesamtbürgschaft[31] deutet darauf hin, dafs sie aus Niederlassungen von agnatischen Sippen oder eventuell durch Erweiterung einer ursprünglich in Hauskommunion lebenden Familie entstanden sind. Die Gesamtbürgschaft erscheint als verdinglichte Sippenhaftung[32]. Herrschaftliche Dörfer sind auch daher wohl von der Gesamtbürgschaft befreit[33].

§ 7.

Höhere Organisationen.

I. Tribus.

Mit tribus bezeichnen die lateinischen Quellen das südslavische pleme[1]. Wir werden ähnliches auch für Cosmas annehmen dürfen, der solche tribus zum erstenmal im Zeitalter des Eigentums, aber schon vor Krak nennt[2]. Auch sie sind wohl in ihrem Keime bereits indogermanisch[3].

Die Grundlage dieses Verbandes bildet jedenfalls noch die Verwandtschaft. Das deutet schon der Name pleme an[4], ebenso

---

[30] Vgl. § 3 Anm. 29 ff.

[31] Vgl. Palacký, Dějiny, I, 2, 304 ff. H. Jireček, Das Recht in Böhmen und Mähren I, 52 f. Lippert, Sozialgeschichte Böhmens I, 362, 372 f.

[32] Für die weitere Entwicklung des Instituts ist zu beachten, dafs auf dieser Grundlage die Obrigkeit weitergebaut hat. Die in dem Privileg Ottokars I. v. 1222 März 10 genannten Bufsen sind an den Fiskus zu zahlen. Deshalb läfst sich aber nicht behaupten, dafs die Gemeinbürgschaft erst von der Obrigkeit eingeführt worden sei. — Über das „Sippendorf“ als gemeinsamen und urzeitlichen Besitz der europäischen Indogermanen s. Schrader, R.-L., S. 141 ff.

[33] Erben, Regesta I S. 291 v. J. 1220: Nec graventur homines in villis Brevnoviensibus, quando aliquis occisus vel strangulatus, quod hlava nuncupatur, infra campos alicuius villae proiectus ab iniquis hominibus reperitur, per quod pauperes calumniose puniuntur.

[1] Kraufs, Sitte und Brauch der Südslaven, S. 18.

[2] Oben § 5 Anm. 2.

[3] Vgl. Müllenhoff, D. A. 4, 179. Schrader, Reallexikon, v. „Stamm“, S. 798 ff., 801. Auch Grofse, Formen der Familie, S. 130, anerkennt die Möglichkeit von Stammbildungen bei Viehzüchtern, wie ja das die Indogermanen waren.

[4] Die Namen pleme und bratstvo fliefsen auch vielfach in einander; vgl. Kraufs, a. a. O. 34 f. K. Kadlec, Rodinný nedíl, S. 128 f.

wie das griechische φῦλον (von φύω)[5]. Da die agnatische Sippe schon in der generatio begriffen ist, so dürfte unter tribus die Blutsverwandtschaft zu verstehen sein. Schon die enge Verbindung: in sua tribu vel generatione weist darauf hin, dafs sich Cosmas das Wesen dieser beiden Körper nicht sehr verschieden vorstellt. Die tribus ist offenbar eine Gruppe von Sippen, die miteinander eben in sehr aktuellem Conubium stehen[6]. Diese Gruppen mögen entstanden sein aus einer ursprünglichen Sippe, durch weite Verzweigung und damit Lockerung des Verbandes, so dafs eventuell sogar der gemeinsame Ahn in Vergessenheit geraten ist; oder durch freiwillige und unfreiwillige Angliederung fremder Sippen.

Die böhmische tribus ist nach dem Gesagten zunächst ein persönlicher, nicht ein lokaler Verband; in dieser Formation machten sich die Slaven auf die Wanderschaft.

Auch die tribus weist eine lose herrschaftliche Organisation auf. Hier gilt im ganzen Ähnliches wie beim Geschlecht. Nur ist die Vorstandschaft noch loser. Der jeweils Angesehenste resp. das jeweils angesehenste Haus der tribus spielt eine die anderen überragende Rolle, oder anders ausgedrückt: die Geschlechtsvorstände — denn diese bilden ja schon eine Auslese — der tribus rangieren nach ihrem Ansehen. Auch hier bildete höheres Alter, persönliche Tüchtigkeit, Reichtum, Bewahrung besonderer sacra die Grundlage für das Ansehen, für die Stellung des Einzelnen resp. dessen Hauses.

Die Kompetenz dieser Tribushäuptlinge, im ganzen ähnlich, aber gewichtiger als die der einfachen Geschlechtsvorstände, erstreckte sich jedenfalls auf die höheren Gemeinschaftsziele. Im Zeitalter des Eigentums werden diese Häuptlinge als ganz besonders reich und angesehen, als Schiedsrichter geschildert. Zur Zeit Lubossas heifsen sie geradezu populi rectores.

Von dieser tribus scheint mir die germanische Hundertschaft[7] im Wesen nur durch die bewufste Hervorkehrung des militärischen Elementes verschieden. Auch sie ist eine Vereinigung von Sippen unter einem Hundertschaftshäuptling und hat wohl mehr oder weniger eine verwandtschaftliche Grundlage. Tacitus erklärt ausdrücklich propin-

[5] Vgl. auch Schrader, Reallexikon, S. 801: „Der der Phyle zu Grunde liegende Verwandtschaftsgedanke.“

[6] Vgl. hierzu auch Grofse, a. a. O S. 130. Über Heiraten unter Nahewohnenden, affines Schrader, Sprachvergleichung und Urgeschichte, S. 550. Der oben im Texte vertretenen Meinung nähert sich Rachfahl, Die Organisation der Gesamtstaatsverwaltung Schlesiens vor dem Dreifsigjährigen Krieg (Schmollers staats- und sozialwissenschaftliche Forschungen XIII, 1), 1894, S. 8, der aber unrichtig von einem matriarchalischen Gentilverband spricht.

[7] Über diese Brunner, R.-G. I, 116 ff.; v. Amira, „Recht“, bei Paul, III², 122. Schroeder, R.-G., 18.

quitates, also ganz allgemein Verwandtschaften, als taktische Einheit[8], und Caesar berichtet mit scharfer Unterscheidung, dafs gentes, das ist nach römischem Sinn agnatische Sippen, und cognationes hominum, das sind gleichfalls nach römischem Sprachgebrauch die kognatischen Verwandtschaften, zusammentreten und zusammen Land zugeteilt erhalten[9]. Diese Marsch- und Wirtschaftsformationen[10] Caesars sind jedenfalls auch Kampfformationen gewesen, und auf diesen Grundlagen hat dann wohl die vollendetere Kriegstechnik ihre ziffermäfsige Einheit, die Hundertschaft, aufgebaut.

II. Plebes. Populus.

Als nächst höhere Organisationsform nennt Cosmas zur Zeit Kraks die plebes, und zwar kennt er in der provincia, dem nachmaligen „Reich" der Lubossa eine Mehrheit von plebes[11].

Die Bedeutung von plebs ist Volk. Diese plebes der provincia sind wohl am besten mit den germanischen Gauen und civitates (Völkerschaften, fylkar[12]) zu vergleichen. Namentlich ist auch hier der Unterschied zwischen plebs und dem (Gesamt-) „populus", wie er zu Lubossas Zeit erwähnt wird[13], ebenso flüssig zu denken, wie der zwischen pagus und civitas[14]. So ist vom Standpunkt der Sage die Schar, an deren Spitze der senior Bohemus steht, ein „Volk" im Sinne von populus, während sonst die Bezeichnung senior für Unterhäuptlinge u. dgl. vorkommt[15].

---

[8] Germania c. 7: .. Non casus nec fortuita conglobatio turmam aut cuneum facit, sed familiae et propinquitates. Vgl. dazu namentlich Müllenhoff, D. A. 4, 201 f.

[9] Caesar Bell. Gall. 6, 22: Magistratus ac principes in annos singulos gentibus cognationibusque hominum, qui tum una coierunt, quantum et quo loco visum est agri, attribuunt.

[10] Vgl. Meitzen, Siedelungen I, 140 ff., namentlich 147: „Ungefähr 120 Familien sind ganz angemessen als die zweckmäfsige und übliche Personenzahl zu betrachten, durch welche diese notwendig gemeinsame Hirtenwirtschaft von den nach dem Weidegang und der Jahreszeit wechselnden Lagerplätzen aus betrieben wurde." Für Meitzen sind die Hundertschaften weder Geschlecht noch Heereskörper, sondern Weidegenossenschaften von 120 Familien oder 1000 Seelen (I, S. XI.)

[11] Cosmas I, 3: Crocco ....., ad quem tam de propriis tribubus quam ex totius provinciae plebibus .. convolabant. I, 10: Wlatislaw .. condidit urbem ... in confinio duarum provinciarum Belina et Lutomerici et posuit in ea viros iniquos, ob insidias utriusque populi, quia hii adiuvabant partes Boemorum.

[12] Über diese Brunner, R.-G. I, 114 ff. Amira, Recht bei Paul III[2], 121 f. Schroeder, R.-G., 19 ff.

[13] Cosmas I, 5: Congregant populum. Vgl. ferner I, 10 oben Anm. 11.

[14] Brunner, R.-G. I, 115 f., 123 ff.

[15] I, 2. — Vgl. § 5 Anmerkung 57.

Die Bildung von plebes und populus erfolgt durch Ineinandergreifen familienrechtlicher und öffentlichrechtlicher Verhältnisse. Jedenfalls besteht innerhalb der plebes und des populus ein conubium, aber sie beruhen als solche nicht blofs auf Verwandtschaft. Commercium, freiwilliger und erzwungener Anschlufs einzelner Gruppen sind die Hauptbindemittel. Als Orgelton durch das Ganze geht aber doch die Verwandtschaft; die Gruppen führen einen gemeinsamen Volksnamen, denselben wie einst der Patriarch Bohemus-Čech. Und ähnlich ist uns auch für die germanische civitas ein Volksfriede[16], gemeinsamer Name, ja ein gewisses Gefühl verwandtschaftlichen Zusammenhanges[17] bezeugt. Aber auch bei diesen Körpern besteht ein wichtiger Unterschied des böhmischen und des germanischen Rechtes. Bei der germanischen „Tausendschaft" und selbst bei der civitas schlägt ein militärisches Organisationsprinzip durch[18], das sich in Böhmen nicht bemerkbar macht.

Auch die Gruppen der plebes und des populus haben eine lose Vorstandschaft. Crocco erscheint als der Angesehenste in seinen Sippen und tribus (plur.), also als der Hervorragendste seiner plebs, ja auch als der erste für fremde plebes, d. i. als der erste des ganzen populus[19]. Er hat somit eine ähnliche Stellung wie der senior Bohemus. Doch liegt zwischen beiden eine ziemliche geschichtliche Entwicklung. Das Nähere wird weiter unten[20] verhandelt, doch mag schon hier hervorgehoben werden, dafs die Stellung der Vorstände von plebes und populus nicht gerade auf kriegerischer Grundlage beruht — ein weiterer wichtiger Unterschied von germanischen Verhältnissen. Sowohl bei der germanischen civitas als beim slavischen Stämmchen, populus, kommt es zu einer Herrschaftsbildung auf Grund von Tüchtigkeit. Aber diese Tüchtigkeit ist bei den Germanen eine handgreiflich militärische. Bei Caesar wird erst für den Kriegsfall ein gemeinsamer dux gewählt, und ebenso berichtet Tacitus: duces

---

[16] Caesar Bell. Gall. 6, 23: .. Latrocinia nullam habent infamiam, quae extra fines cuiusque civitatis fiunt.

[17] Das Gefühl gemeinsamer Abstammung reicht ja bekanntlich noch weit über die civitates hinaus; Tacitus Germania c. 2. Dazu Müllenhoff, D. A. 4, 112 ff. Brunner, R.-G. I, 30. Vgl. auch Patronymica wie Guntbadingi, Merowingi, Astingi u. dgl. (vgl. Müllenhoff, a. a. O. 4, 122) für das Volk und § 5 Anm. 58 ff., § 8 Anm. 36 ff., 58, 71.

[18] Caesar Bell. Gall. 6, 23: Cum bellum civitas aut illatum defendit aut infert, magistratus, qui ei bello praesint, ut vitae necisqne habeant potestatem, deliguntur. In pace nullus est communis magistratus .... Die civitas bildet auch einen cuneus, Scherer, A. f. d. A. IV, 97.

[19] Cosmas I, 3: Vir fuit hic in suis generationibus ad unguem perfectus, rerum secularium opulentia praeditus, iudiciorum in deliberatione discretus, ad quem tam de propriis tribubus quam ex totius provinciae plebibus velut apes ad alvearia ita omnes ad dirimenda convolabant iudicia.

[20] § 8.

ex virtute sumunt. Selbst Geschlechtskönige werden bei Kriegsunglück davongejagt. Bei den Slaven hingegen geben Reichtum, Einsicht, namentlich schiedsrichterliche Eignung, den Ausschlag[20a].

III. Fortentwicklung der Organisation.

Das Bild der czechischen Gesellschaft bis auf Przemysl läſst sich nach den bisherigen Ausführungen etwa in der Weise zusammenfassen, daſs über der breiten Masse des Volkes sich ein nach seinem faktischen Ansehen abgestufter „Adel“ erhebt, mit einer Regierungsgewalt, wie sie eben von Fall zu Fall seinem jeweiligen Ansehen und der Kultur des Volkes entspricht — im goldenen Zeitalter schwächer[21], im Zeitalter des Eigentums etwas strammer[22]. Crocco ist nur der adligste[23]. Dieses Bild stimmt vollkommen mit demjenigen überein, das uns von den übrigen Slaven entworfen wird. Immer wird die Herrschaftslosigkeit, Freiheit der Slaven betont[24]. Nur be-

[20a] Sehr drastisch zeigt diesen Unterschied die bekannte Stelle des Caesar Bell. Gall. 6. 22, wonach die Germanen besorgt sind ne potentiores humiliores possessionibus expellant; . . ferner ut animi aequitate plebem contineant, cum suas quisque opes cum potentissimis aequari videat. Das sind wohl nicht lediglich Caesars Reflexionen; Caesar gibt es als germanische Gedanken an, „afferunt causas“. Übrigens scheint auch bei den Germanen dieser durchaus kriegerische Geist erst späterer Kultur zu sein. Die naive Hab-, besonders auch Goldgier der Germanen ist ja bekannt. Interessant ist namentlich, daſs Wulfila das griech. μακάριος mit audags = der Reiche wiedergibt. Vgl. hiezu und über indogermanische Verhältnisse O. Schrader, Reallexikon S. 665 ff. Auch hier unten § 10 Anm. 39. — Über den Schatz des mährischen (870), des polnischen (1039) und des böhmischen Fürsten vgl. H. Jireček, Právo slovanské I, 129 f.

[21] Es entspricht einer Nuance der Sage, wenn man annimmt, daſs auf die etwas strammere Zusammenfassung gelegentlich der Einwanderung, nach erfolgter Niederlassung ein Nachlassen gefolgt sei. Siehe § 8 Anm. 14 f.

[22] Selbst im Zeitalter des Eigentums sind die Verhältnisse noch so lose, daſs selbst Angehörige fremder plebes Crocco behufs Beilegung ihrer Streitigkeiten aufsuchen.

[23] Vgl. Tacitus, Germania c. 7: Reges ex nobilitate sumunt. Ähnlich wohl auch bei den altgermanischen principes; vgl. Tacitus, Germania c. 11: mox rex vel princeps, prout aetas cuique prout nobilitas prout decus bellorum prout facundia est, audiuntur, auctoritate suadendi magis quam iubendi potestate. Siehe Brunner, R.-G. I, 122. — Vgl. f. Preuſsen Hein, Zeitschr. f. Ethnologie 22 (1890) S. 162 Wendungen wie: þa cyningas and þa odre heahdungene men, se cyning and þa ricostan men u. s. w., die aber von Hein nicht richtig aufgefaſst werden. Ferner L. Giesebrecht, Wendische Geschichten I, 45 ff., und allgemein O. Schrader, Reallexikon S. 442 ff. Vgl. auch noch unten § 9, namentlich Anm. 14, 20, 25.

[24] Vgl. die Stellen bei Palacký, Dějiny I, 1, 182 ff. Es sind das Berichte der Byzantiner, Widukinds und Thietmars. Einen interessanten Vergleich bietet auch Boguchwałs Chronik c. 1 (A. Bielowski, Monumenta Poloniae historica 2, 473): Lechitae, qui nullum

sonders Angesehene und Reiche, supani, senes, γέροντες haben eine hervorragende Stellung — aber mehr als Autorität, denn als imperium — und auch diese sind oft recht uneinig untereinander. Der Schwerpunkt des „Staatslebens“ liegt in der Gesamtheit[25].

Seit Lubossa und Przemysl tritt aber beim populus der Boëmi eine grofse Umwälzung ein. Anfangs ist das Regiment Lubossas von dem Kraks nicht sehr verschieden, wenn es auch etwas gefestigter erscheint. Lubossa, deren Namen schon auf das Versöhnungsamt hinweist[26], wird als die Angesehenste, Geeignetste, zur Richterin vom Volke erwählt. Hier

---

regem seu principem inter se, tanquam fratres et ab uno patre ortum habentes, habere consueverant, sed tantum duodecim discretiores et locupletiores ex se eligebant, qui quaestiones inter se emergentes diffiniebant et rem publicam gubernabant, nulla tributa seu invita servitia ab aliquo exigentes, Gallorum impetum formidantes quendam virum strenuissimum nomine Crak, cuius mansio protunc circa fluvium Wislam fuerat, sorte sibi divinitus inter fratres suos Lechitas tributa, in eorum capitaneum seu ducem exercitus, ut verius dicam, nam iuxta Polonicam interpretationem dux exercitus woyewoda appellatur, unanimiter elegerunt. Iste Crak, qui latine corvus dicitur, victor effectus, per Lechitas est in regem assumptus. Vgl. Mierzwa, c. 4 ff. a. a. O. S. 166 ff. Vincentius c. 5 a. a. O. S. 255 f. Es braucht wohl nicht erörtert zu werden, dafs der Krak der polnischen Sage eher dem böhmischen Przemysl-Samo als dem Crocco entspricht. Auf die inneren Beziehungen der beiden Sagen kann hier nicht eingegangen werden. — Vgl. ferner Adam v. Bremen 4, 18 von den Preufsen: nullum inter se dominum pati volunt. Hein, Altpreufsische Wirtschaftsgeschichte in der Zeitschr. f. Ethnologie 22 (1890) S. 154 ff. Krek, Einleitung in die slavische Litteraturgeschichte S. 355 ff. — Über die germanische Freiheit vgl. W. Sickel, Der deutsche Freistaat S. 6 ff.

[25] Vgl. schon Cosmas I, 2, die Einwanderungssage. Bohemus weist das Land an, die Anweisung wird aber vom Volke angenommen, denn nicht nur die Namengebung erfolgt durch das Volk, sondern die eigentliche Besitzergreifung durch Bohemus geschieht erst nachher: senior motus sociorum augurio coepit terram osculari. Auch die Ansprache des Bohemus beginnt: „O socii“. Sehr instruktiv ist die Parallele aus Thietmar von Merseberg VI, 18 (M.-G. SS. III, 812) von den Wilzen: Hiis autem omnibus, qui communiter Liutici vocantur, dominus specialiter non presidet ullus. Unanimi consilio ad placitum suimet necessaria discucientes, in rebus efficiendis omnes concordant. Si quis vero ex comprovincialibus in placito contradicit, fustibus verberatur, et si forinsecus palam resistit, aut omnia incendio et continua depredatione perdit, aut in eorum presencia pro qualitate sua pecuniae persolvit quantitatem debitae. Die Stelle bietet auch die Interpretation zu Procop Bell. Got. 3, 14 cit. „ἐν δημοκρατίᾳ ἐκ παλαιοῦ βιοτεύουσι. Insofern, als das ganze Volk zu entscheiden hat, würde ich den nicht sehr geeigneten Ausdruck Demokratie (z. B. bei Palacky, Dějiny I, 1, 182) acceptieren. Anders (?) Rachfahl, Gesamtstaatsverwaltung S. 9, dem P. Puntschart, Herzogseinsetzung S. 252 zu folgen scheint. Über die slavische Volksversammlung vgl. J. Perwolf, Staroslovanské řády a obyčeje in Slovansky sbornik, Prag 1884, S. 634 ff. Über die germanische Volksgemeinde vgl. O. Gierke, Genossenschaftsrecht I, 28 ff. W. Sickel, Freistaat S. 32 ff. Sohm, Reichs- und Gerichtsverfassung I, 3 ff. Brunner, R.-G. I, 128 ff. Auch Amira, Recht S. 156.

[26] Vgl. § 8 Anm. 17.

ist die fallweise Bestellung des Krak als Schiedsrichter zu einer rechtlichen Stellung verdichtet. Die Fürstin richtet auch tatsächlich über zwei „Adelige“[27]. Diese werden zwar populi rectores genannt; doch ist dabei noch nicht das Volk vollständig mediatisiert zu denken. Als es sich um die Bestellung eines Fürsten handelt, wird eine vollständige Volksversammlung einberufen, die allerdings der Lubossa gegenüber keine souveräne Rolle spielt, in welcher aber auch andererseits die primates nicht hervortreten, wiewohl durch zwei derselben der Stein ins Rollen gebracht wurde[28].

Dagegen hat unter Przemysl eine Verdrängung des Volkes stattgefunden. Darauf weist nicht nur die prophetische Rede der Lubossa, worin sie ankündigt, wie der neue Fürst mit dem Volke umspringen werde[29], sondern auch die ausdrückliche Charakteristik, die Cosmas von der Regierung Przemysls gibt[30]. Bei dieser Zurückdrängung des Volkes ist es im Wesen auch geblieben. Auch unter Neklan spielt das Volk keine aktive Rolle mehr.

Mit dem Volke sind auch die primates unter ein strammeres Regiment gebracht[31], aber nicht beseitigt worden. Sie treten auf bei der Gründung Prags[32], wobei sogar Przemysl ihnen gegenüber fast noch blofs als primus inter pares erscheint. Charakteristisch für die neue Stellung der seniores ist der Ausdruck comites[33], der nun gelegentlich für sie gebraucht wird. Er deutet auf eine Art Gefolgschaft, wenn auch wohl nicht in jenem strengen rechtlichen Sinn, wie er aus der deutschen Rechtsgeschichte bekannt ist. Wir finden wiederholt die Grofsen um die Person des Fürsten geschart. Schon Lubossa befiehlt die Gründung Prags senioribus populi astantibus, die wohl als Gäste anwesend sind. Gegenüber den Bedrängungen des Luczaner Fürsten Wlastislaw suchen Neklan und seine Grofsen gemeinsame Zuflucht in der Burg Levygradec[34]. Auch

---

[27] Cosmas I, 4: Inter duos cives opibus et genere eminentiores et qui videbantur populi esse rectores.

[28] Cosmas I, 5: Convocant coetum, congregant populum; conveniunt simul omnes in unum ... vulgus ignobile confuso exultat clamore. I, 6: plebs universa mandat.

[29] Cosmas I, 5.

[30] Cosmas I, 8: Hanc efferam gentem legibus frenavit et indomitum populum imperio domuit et servituti qua nunc premitur subiugavit. atque omnia iura quibus haec terra utitur et regitur, solus cum sola Lubossa dictavit.

[31] Cosmas I, 8 cit. am Ende.

[32] Cosmas I, 9 domina Lubossa presente viro suo Premizl et aliis senioribus populi astantibus sic est vaticinata. Über den etwas scholastischen Streit der älteren Litteratur über die Stellung Przemysls gegenüber Lubossa vgl. Dobner II, 175.

[33] Davon nachmals cmeto, kmet.

[34] Cosmas I, 10: Wlastislaw ipsos populi primates in tantum praesidiis attenuaverat, ut parvo clausi in oppido, quod dicitur Levigradec,

der verräterische Serbe Durinch findet, als er das Haupt des gemordeten Luczaner Fürstenkindes dem böhmischen Fürsten Neklan überbringt, diesen in Pragensi palatio cum omnibus residentem comitibus[35]. Desgleichen wird in einem anderen Gebiete Böhmens, im Osten, von Slawnik gerühmt, in seinem Hause habe eine Fülle von Grofsen verkehrt[36]. Das Leben und Mitgeniefsen am Hofe des reichen primus mag wesentlich zu einer Mediatisierung der seniores beigetragen haben. Diese Mediatisierung war aber nicht sehr stramm. Zur Zeit Neklans gelten die primates als die zunächst berufenen Verteidiger des Landes. Neklan ist zwar unter ihnen, spielt aber eine klägliche Rolle[37]. Nach dem Siege über Wlastislaw erbaut dann Neklan im Gebiete der Luczanen die Burg Dragús (bei Postelberg) und vertraut sie samt dem verwaisten Fürstenkinde dem schon genannten Durinch an. Quod utique factum est omnium consilio comitum[38]. Auch sonst sprechen die Grofsen bei der Regierung mit: Neklan sitzt in Pragensi palatio cum omnibus comitibus in concilio[39]. Nachmals hat Boleslaw I. an der Stellung dieser primates kräftig gerüttelt[40], doch dauerte das Ringen zwischen Fürstentum und Adel weiter[41]. Im ganzen hat die Rezeption deutscher Einrichtungen diese Elemente am meisten verstaatlicht. Seit der hussitischen Revolution trat wieder eine starke rückläufige Bewegung ein nach den altnationalen Institutionen hin, welche unter den Jagellonen zu der bekannten Formulierung führte: „Du bist unser König, wir sind deine Herren."

Wesentlich anders scheint die Entwicklung bei den Luczanen gewesen zu sein. Dort finden wir ein strammes, autokratisches Fürstentum und keinen Adel. Überall ist der Fürst, Wlastislaw, die unternehmende Person. Er bedrängt die Boëmi, er gründet die Burg, die nach seinem Namen heifst, zur Beunruhigung der Gaue von Belina und Lutomerici. Er erläfst auch ein sehr autokratisches Aufgebot zum Zuge gegen Böhmen[42]. Die Aufgebotenen erscheinen, er hält ihnen eine

hostium incursiones timerent oppido. I, 12: .. Neclan in castro supradicto delituit.

[35] Cosmas I, 13.

[36] Cosmas I, 27: In domo illius procerum multitudo.

[37] Vgl. Anm. 34. Cosmas I, 10 wird Neclan gar nicht erwähnt. Über die Feigheit Neclans Cosmas I, 12, unten § 8 Anm. 67.

[38] Cosmas I, 13.

[39] Daselbst.

[40] Cosmas I, 19 über die Gründung von Bunzlau. Unter Boleslaw I. werden 4 Stufen unterschieden: dux, plebs universa, proceres und clerici; Cosmas I, 18.

[41] Vgl. z. B. die Klage Adalberts de arrogantia et intolerabili potentia comitum, Cosmas I, 29, und namentlich die Kämpfe mit den Wrschowetzen.

[42] Cosmas I, 10 abgedruckt unter § 8 Anm. 67. Beachtenswert ist auch das Verhältnis zu den weisen Frauen. Bei den Luczanern

Ansprache, die aber nur bestimmt ist, sie zu entflammen. Der Lärm nachher ist keine Zustimmung im Rechtssinne[43]. Durch dieses stramme Fürstentum ist wohl auch die Entwicklung des Adels niedergehalten worden.

Wieder anders zeigt sich die Verfassung in den Gauen Belina und Lutomerici zur Zeit Neklans. Dort ist von keinem Fürsten die Rede, aber auch von keinen primates. Es wird immer nur der ganze populus erwähnt[44]. Da diese Gaue nur sehr flüchtig berührt werden, wären Schlüsse hieraus sehr gefährlich. Vielleicht ist es in diesen Gauen bei der alten „demokratischen" Verfassung geblieben[45], oder aber es hat auch hier die Entwicklung zu einer Adelsherrschaft geführt. Ja, möglicherweise hat sich hier sogar ein Fürstentum im alten Sinn gebildet, und ist Tyro, der am Hofe Neklans eine so grofse Rolle spielt, ein derartiger Fürst, ein primus inter seniores, der in friedlichem Anschlufs, vielleicht sogar in Hauskommunion, mit dem Czechenfürsten lebt[46].

§ 8.

Rechtliche Natur des Fürstentums.

Das erste Oberhaupt, das uns in der böhmischen Sage begegnet, Bohemus, erscheint als Führer, vielleicht von Flüchtlingen. Er hat sein Volk durch Wälder hindurchgeführt und weist ihm die neue Heimat an[1]. Das Volk nimmt die An-

---

machen die Wahrsagerinnen nur vereinzelte Privatgeschäfte, dagegen gehen die Boëmi als Volk nach ihrer Niederlage zu einer sortilega und tun, wie von ihr geheifsen; Cosmas I, 11.

[43] Cosmas I, 10: Exoritur clamor ad aethera,' utilis et inutilis, fortis et vilis, potens et impotens perstrepunt arma, saltat scabiosa equa ut acer equus in pugna.

[44] Cosmas I, 10: Ob insidias utriusque populi, aber auch quia hii adiuvabant partes Bohemorum. Ebenso vorher: bellum consertum est inter Boëmos et Luczanos.

[45] Dafür spräche, dafs das Sippendorf Stadici dem Gaue Belina angehört. Der Vermutung H. Jirečeks, Recht in Böhmen I, 19, dafs „der ganze Stamm" in alter Zeit den Namen Stadici getragen habe, fehlt jeder Anhaltspunkt.

[46] Cosmas I, 12: Tyro . . post ducem secundus imperio. Dazu (vgl. oben § 2 Anm. 33 ff.) Annales Laurissenses 805: Venientes autem undique in planitiem Behemi, universi principes diversarum gentium in conspectu regis Karoli pervenerunt.

[1] Cosmas I, 2: Senior, quem alii quasi dominum comitabantur, inter cetera suos sequaces sic affatur: O socii, non semel mecum graves labores per devia nemorum perpessi, sistite gradum . . . . . . haec est illa terra, quam saepe me vobis promisisse memini, terra obnoxia nemini (Reim und Wortspiel!) . . . Hic vobis nichil deerit, quia nullus vobis oberit (Reim!) . . . . Vielleicht ist die Schar auf der Flucht vor den Avaren. Vgl. oben § 2 Anm. 40. Die Ausführungen Dobners a. a. O. I, 55 f., dafs die Slaven keine centralisierte Herr-

weisung an[2]. Von einer Eroberung des Landes durch Čech, wie Palacký[3] sich sie vorstellt, ist keine Rede. Die Führerschaft des Bohemus wird näher durch die Worte charakterisiert: senior quem alii quasi dominum[4] comitabantur, und quia tu o pater diceris Boëmus. Diese Benennungen weisen auf einen im Grunde familienrechtlichen Ursprung dieser Führerschaft hin, ähnlich wie dies von den germanischen Volkskönigen bekannt ist[5]. In dieser patriarchalischen Stellung des Anführers mag wohl die ganze Fülle des mundiums im Keim beschlossen sein, zur historischen Entwicklung gelangt sie aber nicht[6]. Namentlich militärische oder richterliche[7] Elemente treten nicht hervor. Auch in ausschliefsender priesterlicher Funktion erscheint Bohemus nicht. Nicht er bringt ein Opfer dar, sondern er fordert seine Begleiter auf, dies zu tun[8]. Doch küfst er nach der Darstellung des Cosmas die Erde und spricht den Segen[9]. Die Tätigkeit des Bohemus beschränkt sich also hauptsächlich auf die Führung im Notfall und auf die Anweisung des Landes. Diese Landesanweisungsbefugnis, die

---

schaft gekannt hätten, würden in einem solchen Ausnahmsfall nicht entgegenstehen. Vgl. noch unten Anm. 7.

2 Vgl. oben § 7 Anm. 25.

3 Dějiny I, 1, S. 89. Von einer Eroberung Böhmens durch die Czechen spricht auch Pelzel, Nowá Kronyka czeská 1, 74.

4 Das Wort ist nicht allzu streng zu nehmen; vgl. oben § 7 a. a. O.

5 Über die ursprüngliche Einheit zwischen Volk und König siehe Brunner, R.-G. I, 121. Dazu dann über die allmähliche Erhebung eines Hauses oben § 5 Anm. 58 ff. Über die Aufnahme fremder, nicht familienrechtlicher Elemente oben § 6 Anm. 6 und unten § 9. Dasselbe gilt eigentlich auch von den principes der Gaue; vgl. Brunner, R.-G I, 122, näheres bei Louis Erhardt, Älteste germanische Staatenbildung, Leipzig 1879, S. 45 ff. Da die principes zu Zwecken der Rechtspflege die Hundertschaften bereisen, so ist es nicht unwahrscheinlich, dafs der Weg zum Prinzipat der Tausendschaft einst über die Vorstandschaft der Hundertschaft geführt habe, d. h. dafs etwa die Familie des angesehensten Hundertschaftshäuptlings es zur Vorstandschaft des pagus gebracht habe.

6 Palacky, Dějiny I, 1, 190 ff. erklärt mit Unrecht den böhmischen Herrscher einfach als Starosten des ganzen Volkes. Ähnlich auch Krek, Einleitung S. 158, und H. Jireček, Recht I, 66. Die Entwicklung der böhmischen Fürstengewalt in der Sagenzeit, also etwa vom Ende des sechsten bis ins neunte Jahrhundert hinein, soll in diesem Paragraphen im einzelnen ausgeführt werden.

7 So erscheint es auch Cosmas, der zu Beginn des Zeitalters des Eigentums den Mangel richterlicher Personen vom goldenen Zeitalter her, trotz des Bohemus selbstverständlich findet. Arg. I, 3: Cui querimoniam suam apploraret iudicem nec principem habebat. Die Streitigkeiten waren offenbar Privatsache. Dafs der Bohemus des Cosmas keine richterliche Funktion ausübt, betont mit Recht schon Dobner I, 54 ff., der auch die ältere Litteratur behandelt. Dafs übrigens Stransky den Bohemus zum Richter mache, ist nicht ganz richtig; vgl. Respublica Bojema V, 2, wohl aber VIII, 2.

8 Cosmas I, 2: Vestris penatibus litate libamen gratum.

9 a. a. O.: Senior motus sociorum augurio, coepit terram osculari prae gaudio, gaudens eam ex suo nomine nuncupari (das könnte wohl

jedenfalls auch bei den grundsätzlich nicht verschiedenen Vorstandschaften der plebes tribus und generationes ebenso eine — im einzelnen nicht nachweisbare — Rolle gespielt hat[10], wie ihr Keim, das wirtschaftliche Regiment des Hausvaters[11], ist wohl mit die rechtsgeschichtliche Wurzel für die Gründungen von Burgen, wie Krakow, Tetin, Libuschin, Prag[12]. In ihr wurzelt auch die höchst altertümliche Grenzgerichtsbarkeit und die Gewohnheit, daſs Güter, über welche ein Prozeſs schwebt, für dessen Dauer von den Beamten in Besitz genommen wurden[13].

Was den ältesten Volkskönig Bohemus selbst anbelangt, so ist es nach der Sage wahrscheinlich, daſs mit der Erfüllung seiner Aufgabe, mit der Besitznahme des Landes, sein Amt erledigt war und daher wegfiel. Das Zeitalter des Eigentums findet ein Volkskönigtum nicht vor[14]. Auch bei den germanischen Königsstaaten gibt es ja bekanntlich königslose Perioden[15].

Das nächste „Oberhaupt", das uns entgegentritt, ist Krak. Dieser ist der angesehenste, reichste Mann und wegen seiner juristischen Fähigkeiten der gesuchteste Schiedsrichter im Volke[16]. Mit Krak beginnt eine Neubildung des Fürstentums, die auf der Grundlage von Reichtum und patriarchalischem Ansehen vom Richtertum ausgeht[16a]. Krak ist noch ledig-

eine miſsverständliche Deutung echter Sage durch Cosmas sein) et surgens ac utrasque palmas tendens ad sidera (Vergil Aeneis V, 253, 256) sic orsus est loqui: salve terra fatalis mille votis quaesita a nobis . . . nos conserva incolumes, et multiplices nostram sobolem. Dagegen scheinen die Worte: quisquis fuit ille hominum, incertum est quot in animabus, postquam intravit . . . quos in humeris secum apportarat, humi sisti penates gaudebat, nicht mit Jireček, Recht I, 65 auf Bohemus zu beziehen zu sein.

[10] Oben § 5 S. 59. § 6 S. 63 und 66. § 7 S. 70 f., 72.

[11] Oben § 4 S. 39, 50; § 6 S. 65 f.

[12] Vgl. oben § 3 Anm. 23 ff.

[13] H. Jireček, Recht in Böhmen II, 117 f. Lippert, Sozialgeschichte Böhmens I, 396.

[14] Arg. I, 3 cit.: „Nec principem habebat", und Bildung von Vorstandschaften im Folgenden. Das bemerkt auch schon Kuthen (1539), Absatz o Krokowi.

[15] Vgl. die bekannte Stelle aus Jordanes bei Grimm, R.-A. I, 321: sic eum (König Thorismund) luxere Ostrogothae, ut XL per annos in eius loco rex alius non succederet. Ferner Origo gentis Langobardorum c. 6: Regnavit cleph annos 2 et mortuus est. Et iudicaverunt duces Langobardorum annos 12; posthaec levaverunt sibi regem nomine Autharine. Hiermit erledigen sich auch die Bedenken Dobners II, 32 f.

[16] Cosmas I, 3: quicunque . . . persona moribus potior et opibus honoratior habebatur . . . . ad illum confluebant. Dann später: Vir fuit (Crocco) in suis generationibus ad unguem perfectus, rerum secularium opulentia preditus, iudiciorum in deliberatione discretus, ad quem tam de propriis tribubus quam ex totius provinciae plebibus . . omnes ad dirimenda convolabant iudicia.

[16a] Selbst bei den Germanen kommt allenfalls ähnliches vor. Der Gote Athanarich lieſs sich δικαστής nennen; Waitz, V. f. G. I, 264

lich von Fall zu Fall tatsächlich „gemeiner Richter". Seine Tochter Lubossa, deren Namen schon dem Schiedsrichtertum entspricht[17], wird dazu bestellt[18]. Als Motiv hierzu tritt bei Lubossa noch besonders ihre Sehergabe hinzu; sie ist eine weise Frau.

Die Rechtssprechung scheint der Fürstin ohne wesentliche Teilnahme des Volkes zuzustehen. Der berühmte Prozeſs vor Lubossa wird eingeleitet dadurch, daſs die zwei Streitenden sich raufen und schmähen, den fürstlichen Hof betreten und sich an die Fürstin mit der Bitte wenden, nach Gerechtigkeit ihren Streit zu entscheiden[19]. Lubossa entscheidet ganz selbständig, ohne Teilnahme des Volkes[20]. Die Schilderung der Urteilsschelte läſst direkt die Fürstin als Urteilsfinderin erscheinen, denn sie ist ja die Beschimpfte, Gescholtene[21]. Eben dahin deutet auch der Umstand, daſs Lubossa wegen

---

Anm. 2, S. 306. Origo gentis Langobardorum c. 6: Et iudicaverunt duces (!) Langobardorum annos 12. Vgl. noch Dahn, Bausteine VI, 113.

[17] Über den slubný súd — richtig erklärt von H. Jireček, Recht in Böhmen II, 113 aus s-ljubiti, versöhnen — der bis ins vierzehnte Jahrhundert nachgewiesen werden kann, vgl. Tomaschek, Deutsches Recht in Österreich im XIII. Jahrhundert S. 8; G. Hanel, O vlivu práva německého v Čechách a na Moravě S. 99. Falsch ist die Erklärung Palackýs, Dějiny I 2, 278, der slibný auf die Richter bezieht und sie als Geschworene erklärt, die durch Handschlag gelobt hätten. Auch Lippert, Sozialgeschichte Bömens I, 322 wird wohl keinen Anklang finden. — Richtig bringt schon Dobner II, 108 den Namen Lubossa mit placere zusammen, erklärt ihn aber wohl nicht ganz entsprechend mit „quasi ea populo universo placuisset". Eine andere Erklärung: „Libie" = „Pythonissa" daselbst II, 185.

[18] Cosmas I, 4: .. quia populo multa et certa praedixit futura omnis illa gens commune consilium iniens patris eius post necem hanc sibi prefecit in iudicem. Auch die weisen Frauen der Germanen (vgl. Weinhold, Deutsche Frauen² I, 63 ff.) haben groſsen Einfluſs geübt. Von Veleda heiſst es Tacitus Historiae 4, 61 geradezu imperitabat. Ihre Stellung beruhte aber doch immer bloſs auf Autorität; selbst Tacitus sagt a. a. O.: vetere .. more, quo plerasque feminarum fatidicas .. arbitrantur deas. Bei Lubossa wird aber ausdrücklich auf die Bestellung zum Richteramt Gewicht gelegt. Dadurch erlangt die Seherin eine juristische Position. Diese Formulierung darf aber nicht überspannt verstanden werden. Das Recht ist schwach. Auf Grund trüber Gewährsmänner erklärt Stranskjy V, 3 schon den Krak als vom Volk bestellten Richter.

[19] Cosmas I, 4: Qui in tantum proruperunt in mutuam rixam, ut alter alterius spissam unguibus volaret in barbam, et nudis convitiis semet ipsos turpiter digito sub nasum confundentes, intrant bachantes curiam, ac non sine magno strepitu adeunt dominam, et ut ratione iustitiae dubiam inter eos dirimat causam suppliciter rogant.

[20] a. a. O.: Cumque . . . totius controversiae inter eos ortae causam ad statum rectitudinis perduceret.

[21] a. a. O.: . . . is cuius causa in iudicio non obtinuit palmam plus iusto indignatus terque quaterque caput concussit et more suo terram ter baculo percussit ac barbam pleno ore saliva conspergens exclamavit: O iniuria viris haud toleranda! femina rimosa virilia iudicia mente tractat dolosa . . . parum sapit . . magis est ad accessum mariti apta u. s. w.

ihrer Weisheit als Richterin bestellt ist. Das Richtertum Lubossas ist die direkte Fortentwicklung des alten Schiedsrichtertums. Auch der Schiedsrichter entscheidet den Streit. Seine Tätigkeit ist zunächst eine versöhnende[22]; den Parteien selbst scheint es zuletzt überlassen gewesen zu sein, ob sie seine Entscheidung annehmen und sich ihr gemäſs aussöhnen oder nicht[23]. Es ist dann eine Stärkung dieser schiedsrichterlichen Position, wenn von Krak gesagt wird, daſs die Parteien zu ihm kamen behufs Entscheidung des Prozesses[24]. Auch Lubossa entscheidet, denn die sachfällige Partei beschimpft sie zwar und verlangt eine Änderung der Verfassung, aber beim Urteil bleibt es, wie es scheint.

Eine Teilnahme des Volkes oder eines Ausschusses desselben an der Rechtssprechung wird nicht erwähnt. Nicht einmal gelegentlich der Urteilsschelte. Der Sachfällige ruft nicht etwa das Volk an. Für einen Umstand ist schon mit Rücksicht auf den Ort der Handlung kein Platz. Das Gericht findet nicht an einer öffentlichen Malstatt, sondern im Hause[25] der Fürstin statt[26]. Es könnten höchstens einige

---

[22] Cosmas I, 3: Spontanea voluntate ad illum confluebant et de dubiis causis ac sibi illatis iniuriis salva libertate disputabant.

[23] arg. „salva libertate disputabant", a. a. O. Mit Unrecht fügt hier Dobner II, 33 Bemerkungen über slavische Volksversammlungen an.

[24] a. a. O.: ad dirimenda convolabant iudicia.

[25] Als rechtsgeschichtlicher Rest dieses Hauses blieb noch der alte Stein (Gerichts- <Herdstein) auf der Prager Burg. Vgl. über ihn Lippert, Sozialgeschichte Böhmens I, 433; II, 3. Die germanischen Gerichtssteine (Grimm, R.-A. II, 424 ff.) sind vielleicht mit dieser czechischen Antiquität zu vergleichen. Die Entwicklung auch des germanischen Prozesses aus dem Schiedsgericht und die Parallele der altczechischen Verhältnisse regen die Frage an, ob nicht die Rechtsprechung durch den Richter für beide der gemeinsame Ausgangspunkt gewesen sei. Damit lieſse sich immerhin eine nicht recht organisierte Teilnahme eines eventuellen Umstandes vereinigen. Beachtenswert bleibt doch, daſs noch Caesar, Bell. Gall. 6, 23, ausdrücklich die principes als Rechtsprecher und Schiedsrichter bezeichnet: principes regionum atque pagorum inter suos ius dicunt controversiasque minuunt. Dabei mag gewiſs auch ein ab multitudine collaudari vorgekommen sein. Ebenso mag mit Rücksicht auf die doch mehr bloſs autoritative Stellung des Fürsten leicht jemand anderer einen Urteilsvorschlag gemacht haben eventuell darum vom Fürsten geradezu angegangen worden sein. Ähnlich aber, wie die Germanen einst die Sippenvorstandschaft beseitigt haben, mögen auch frühzeitig, namentlich aber in der epochalen Zeit zwischen Caesar und Tacitus, diese principes allmählich in den Hintergrund gedrängt worden sein. Ein besonderer Ausgangspunkt für die Volksjustiz lag ja in dem Verfahren um handhafte Tat. Tacitus, Germania c. 32, legt der Hundertschaft bereits „eine entscheidende Mitwirkung" bei. Vgl. namentlich Brunner, R.-G. I, 149 f., Waitz, Vf.-G. I, 358 Anm. 1. Bei den Czechen hätten wir also aus einem älteren, undifferenzierten Nebeneinander mehr die Herrschaft, bei den Germanen mehr die Genossenschaft entwickelt, — ein Zug, der sich ja auch auf anderen Gebieten nachweisen läſst.

[26] Aus den Worten des Cosmas a. a. O.: „Ite nunc domum, ut quem vos cras eligatis in dominum ego assumam mihi in maritum" kann

zufällig anwesende Grofse assistieren, wie beim Befehl zur Rodung Prags[27]; doch ist Gewicht darauf zu legen, dafs bei der ganzen umständlichen Schilderung des Gerichtsverfahrens ihrer keine Erwähnung geschieht. Das Volk selbst ist gewifs nicht versammelt, denn es wird erst für den „andern Tag“ berufen[28].

Die Gerichtsbarkeit Lubossas ist also ganz patriarchalisch. Mit Rücksicht auf die mehr oder weniger herrschaftliche Struktur aller Verbände, die wir in Böhmen kennen gelernt haben, ist es wahrscheinlich, dafs eine ähnliche patriarchalische Gerichtsorganisation allenthalben bestand[29]. Überall ist ja die Inanspruchnahme des Angesehensten der Sippe, der tribus, der plebs zu schiedsrichterlichen Funktionen der Ausgangspunkt. Dieses herrschaftliche Prinzip scheint dann der Ausgangspunkt der slavischen Gerichtsorganisation geblieben zu sein, bis deutschrechtliche Einflüsse das genossenschaftliche Element in die Gerichtspflege einführten[30].

Es ist gewifs mit dem uralten Anweisungsrecht der Obrigkeiten historisch zu verknüpfen, dafs der berühmte Prozefs vor Lubossa einen Grenzstreit betrifft[31]. Unter dieselbe Rubrik fällt auch die kolonisatorische Tätigkeit der Fürstin durch die Gründung der Burgen Lubossin, Prag[32]. Zwischen diesen zwei Gründungen ist aber ein wichtiger Unterschied zu beachten. Von Lubossin heifst es[33]: urbem . . . iuxta silvam . . . construxit et ex suo nomine eam Lubossin vocitavit. Hier geht Lubossa noch auf eigene Faust vor, wenn man so sagen will, mit ihren Privatmitteln, und im ganzen auch auf eigene Rechnung. Wer von den Freien sich ihrem Unternehmen anschliefst, tut dies lediglich freiwillig, auf ihre blofse Autorität hin. Dagegen ist die Gründung Prags eine grofse Staatsaktion. Cosmas I, 9 berichtet: domina . . praesente viro suo Premisl et aliis senioribus populi astantibus sic est vaticinata: Urbem conspicio . . . Est locus . . . Ad quem cum perveneritis invenietis hominem in media silva limen domus operantem . . . Continuo itur in antiquam sil-

---

nicht auf einen Umstand in strengem Sinn geschlossen werden. Die Worte sind hauptsächlich an die Parteien gerichtet.

27 Cosmas I, 9, wo sie aber schon die Stelle des „Volkes“ einnehmen; vgl. oben § 7 Anm. 29 ff.

28 Cosmas I, 5.

29 Zu vergleichen ist wohl auch Cosmas I, 4: Cives opibus et genere eminentiores et qui videbantur populi rectores.

30 Gegen Jireček, Recht in Böhmen, namentlich II, 115, vgl. auch Lippert, Sozialgeschichte Böhmens I, 310 ff. — Das indogermanische Richtertum hauptsächlich nach dem germanischen rekonstruieren zu wollen, wie dies Schrader, R.-L. S. 688, namentlich betreffend die Beteiligung des Volkes, tut, scheint mir methodisch etwas bedenklich.

31 Cosmas I, 4: litigio agri contigui de termino.

32 Vgl. oben Eigentumsverhältnisse § 3 Anm. 23 ff. Cosmas I, 4; I, 9.

33 Cosmas I, 4.

vam et reperto dato signo in praedicto loco urbem ... aedificant Pragam. Hier handelt es sich um ein ausgesprochen landesfürstliches Unternehmen. Lubossa weist als Fürstin unter Beistand Przemysls und der Großen das neue Rodeland an. Diese Vertiefung des Landanweisungsrechtes fällt aber nach den ausdrücklichen Worten des Chronisten schon in die Zeit Przemysls[34], dem eine wesentliche Fortbildung und Umgestaltung der fürstlichen Gewalt zu danken ist.

Nicht ohne expansive Bedeutung ist endlich auch die Heimführung des Przemysl. Sie hat den staatsmäßigen Anschluß der bisher fremden Gaue Belina und Lutomerici begründet[35].

Ein weiterer staatsrechtlicher Akt aus aus der Zeit Lubossas ist die Vermählung der Fürstin mit Przemysl und dessen Bestellung zum Fürsten der Boëmi. Über die familienrechtliche Seite der Frage ist schon gehandelt worden[36]. Die verfassungsmäßig relevanten Momente der Sage lassen sich etwa folgendermaßen zusammenfassen. Lubossa wird wegen eines Urteilsspruches von der sachfälligen Partei beschimpft, und es wird ihr vorgehalten, daß sie als Frau zwar nicht rechtlich[37], aber faktisch unfähig sei, ihr Amt zu verwalten. Die Fürstin beschließt, einen Gatten zu nehmen, der dem Volke ein festerer Fürst sein soll. Dieser Beschluß wird aber ausgeführt unter Teilnahme des Volkes. Die Sage gerät hier in einen gewissen Widerspruch. Zuerst heißt es: Ite nunc domum (an die zwei streitenden Parteien), ut quem vos (eigentlich wieder die zwei Gegner, gemeint ist aber „ihr“ als pars pro toto, das Volk) cras eligatis in dominum ego assumam mihi in maritum. Hier überläßt Lubossa die Auswahl des Fürsten dem Volke. Die weitere Darstellung zeigt aber eine wesentlich abgeschwächte Teilnahme des Volkes. Lubossa beschließt mit ihren Schwestern die Vermählung mit Przemysl[38]. Dann warnt sie in einer Versammlung der Landesgemeinde das Volk vor einem Fürsten, und als dieses dennoch auf einem solchen besteht, designiert die Fürstin in geheimnisvoller Weise Przemysl als ihren Gemahl und als Landesherrn[39]. Zweifellos

---

[34] Cosmas I, 9: Inter haec primordia legum.

[35] Vgl. § 9 S. 92.

[36] § 4 Anm. 20 und 49 ff. § 5 Anm. 25.

[37] Die rechtliche Befähigung Lubossas ergibt sich, abgesehen von ihrer ausdrücklichen Bestellung (oben Anm. 18), auch aus den Worten der Schelte: Nos solos opprobrium nationibus et gentibus destituit natura, quibus deest rector et virilis censura et quos premunt feminea iura; Cosmas I, 4.

[38] Cosmas I, 4: Illa nocte quid consilii inierint illae tres Eumenides, aut quid secreti egerint, quamvis ignotum fuerit, tamen omnibus luce clarius mane patuit, cum soror earum Lubossa et locum ubi dux futurus latuit, et quis esset nomine indicavit.

[39] Cosmas I, 5: Postera die, ut iussum fuerat, sine mora convocant

sind hier zwei Elemente verquickt: die alte Wahl des Volkes, wie sie ja auch der Lubossa gegenüber stattgefunden hat, und die Aufnahme in das herrschende Haus durch Designation der Fürstin. Und zweifellos enthält diese ausführliche Schilderung das Richtigere. Der staatsrechtliche Akt ist hier ein gemeinsames Handeln von Fürst und Volk[40]. Nur hat hier die Fürstin schon eine sehr überragende Rolle.

Der innerste Kern der „Regierungsgewalt“ Lubossas, wie sie eben analysiert wurde, gehört noch vollständig der Friedensordnung an. Ihre Stellung beruht hauptsächlich auf Autorität; die Fürstin regiert namentlich durch ihre Sehergabe[41]. Doch finden sich schon, wie gezeigt, sehr gewichtige Rechtsansätze.

Ein ganz ungeheurer Umschwung tritt ein durch Przemysl. Auch Przemysl erscheint zunächst friedlich, teilweise als Zauberer[41a], aber er begründet im Staatsrecht ein wirkliches Imperium. Omnia nostra et nos ipsi in tua manu sumus, te ducem, te iudicem, te rectorem, te protectorem, te solum nobis in dominum elegimus, läfst Cosmas die Boten sagen, die Przemysl seine Berufung überbringen[42]. Przemysl ist nicht mehr blofs iudex, sondern auch rector[43]. Er ist nach aufsen hin dux, d. h. militärischer Führer[44], nach

---

coetum, congregant populum; conveniunt . . . femina . . concionatur . . . .: O plebs miseranda nimis . . . Heu tarde frustra vos poenitebit u. s. w. . . Ad haec vulgus . . . omnes uno ore ducem sibi poscunt dari. Quibus illa: En, inquit, en ultra illos montes . . est fluvius . . Belina u. s. w. . . . adducite vobis ducem et maritum . . .

[40] Cosmas I, 5: Nunc, si vobis placet . . pergite ac mandata populi atque mea referte viro . . I, 6: iussa dominae et plebis . . . . domina nostra Lubossa et plebs universa mandat, ut cito venias et tibi ac tuis fatale regnum accipias.

[41] Cosmas I, 4: Haec fuit . . in consilio provida, in sermone strenua, corpore casta, moribus proba, ad dirimenda populi iudicia nulli secunda. . . Set quia nemo ex omni parte beatus, talis ac tantae laudis femina . . fuit phitonissa. Et quia populo multa et certa praedixit futura, omnis illa gens . . hanc sibi praefecit in iudicem. Die Designierung Przemysls erfolgt gleichfalls mit mystischen Mitteln. (Über die sakrale Rolle der Pferde bei den Slaven vgl. Dobner II, 159 f.). Vgl. auch die Gründung Prags I, 9: sic est vaticinata und ganz allgemein von den drei Schwestern I, 4: sorores, . . quarum magica arte et propria ludificabat populum per omnia.

[41a] Vgl. § 2 Anm. 19. § 10 Anm. 19.

[42] Cosmas I, 6. H. Jireček, Recht I, 66, verkennt vollständig die ungeheure Neuerung, die in diesen Worten liegt.

[43] Vgl. Cosmas I, 4, die Beschimpfung der Lubossa oben Anm. 37. vv.: „quibus deest rector“. Ferner oben § 5 Anm. 34 ff. § 7 S. 70 und 72.

[44] Die Aufnahme resp. Entwicklung eines spezifischen militärischen Elementes zeigt sich auch darin, dafs der alte Herd- resp. Gerichtsstein (vgl. oben Anm. 25) als Stein des „Imperators“, namentlich in seinen militärischen Funktionen, erscheint. Vgl. Cosmas I, 36 bei der Vertreibung der Polen im J. 1002: Mox fidelis cliens iussa facit et ascendens noctu in media urbe eminentiorem locum qui dicitur Zizi (2 Hss. be-

innen protector, dominus, Inhaber der manus, Mundherr. Der Dukat[45], der tatsächlich gegen die Awaren eine grofse Rolle gespielt hat[46], tritt in unserer Sage, die sich nur mit dem inneren Leben des Volkes beschäftigt, direkt weniger hervor. Aber indirekt reflektiert er sich sofort auf das innere Leben und schimmert so auch aus der Sage durch. Die Amazonensage bietet Vereinigungen, die nur auf den Dukat gegründet sind[47]. Weiber einerseits und Männer andererseits rotten sich zusammen, bestellen sich Anführer und begründen eine Art von Haus- oder Dorfgemeinschaften, die Burgen Diewin und Hrasten. Bisher waren militärische Funktionen allenfalls Äufserungen bereits bestehender, im historischen Kern familienmäfsiger Organismen. Nun werden sie nicht blofs dem bereits bestehenden Organismus des Volkes als essentiale eingepfropft, sondern sie bilden unter Umständen geradezu das Assoziationsprinzip. Die innere Regierung Przemysls, die dominatio, fafst Cosmas mit den inhaltsschweren Worten zusammen: hanc efferam gentem legibus frenavit et indomitum populum imperio domuit et servituti qua nunc premitur subiugavit, atque omnia iura quibus haec terra utitur et regitur solus cum sola Lubossa dictavit[48]. Przemysl hat also das militärische Fundament und die rechtliche Ausgestaltung der Gemeinschaft durchgeführt. Beides sind fremde Elemente. Die Sage weist noch deutlich den Widerwillen des nationalen Geistes gegen diese Schöpfungen auf[49]. Selbst Cosmas sieht in Przemysl vorzüglich den Begründer der drückenden Seiten der Rechtsordnung seiner Zeit[50]. Przemysl spielt den Czechen

ziehen das auf Strahow) tuba intonat et clara voce clamans ingeminat: fugiunt, fugiunt Poloni . . irruite armati Boëmi. Dazu I, 10: Wlastislaw ut vidit in condicto coadunatos loco, stans in medio aggere, corona vulgi septus clippeo subnixus, manu ensem vibrans sic est exorsus: . . Ferner I, 12: Is qui aestimabatur dux, stans in eminentiori loco, concionatur ad milites. Tyro. I, 19: Tunc dux (Boleslaw I.) duram exarsit in iram et prosiliens stetit in putrido trunco qui forte tunc ibi iacuit in luto et evaginato gladio dixit. . .: — Vgl. meine Bemerkungen Kritische Vierteljahrsschrift, 1901, S. 185 ff.

[45] Seit Przemysl werden die böhmischen Fürsten bei Cosmas duces genannt. — Auch Dobner II, 190 f. (zu Hájek ann. 729) ist in Anlehnung an ältere, sehr weitgehende Meinungen geneigt, Przemysl eine Art Dukat zuzusprechen. Vgl. auch II, 261 f.

[46] Siehe oben § 2 S. 13 ff. Lippert, Sozialgeschichte Böhmens I, 105, sieht, ebenso wie schon Dobner II, 47, in Samo blofs einen „Herzog", nicht einen „Fürsten" in direktem Widerspruch mit Fredegar c. 48: Eum super se eligunt regem.

[47] Cosmas I, 9: Virgines . . sibi ductrices facientes pari modo uti tirones militabant.

[48] Cosmas I, 8.

[49] Nur angesichts der Beschimpfungen entschliefst sich Lubossa, sich einen Gemahl und dem Volk einen Herrn zu kiesen. Sie warnt eindringlich das Volk, indem sie namentlich auf die schlimmen Zeiten hinweist, die nun durch die Neuerung kommen würden.

[50] a. a. O.: „servituti qua nunc premitur subjugavit". Dieser

gegenüber dieselbe Rolle wie etwa die Waräger gegenüber den russischen Slaven[51]. Eine weitere beachtenswerte Parallele zu der Berufung der Przemysl-Samo in Böhmen bietet die altertümliche Herzogseinsetzung in Kärnten[52]. Auch dort kommt ein Bauer — der eigentlich nicht Bauer ist, sondern ein deutschrechtlicher Würdenträger —, einen Stab in der Hand[53], mit zwei weifs und schwarz gefleckten Feldtieren, einem Rind und einer Stute[54], und wird auf eminent greifbar friedliche Weise[55] zum Herzog eingesetzt, nachdem noch vorher durch einen Backenstreich zum Ausdruck gebracht worden, dafs der wirkliche (Herzogs-)Bauer dem Einzusetzenden nicht nachstehe[56], und dafs der Stein freiwillig geräumt werde. — Es kann keinem Zweifel unterliegen, dafs diese neuen Elemente des Staatslebens in Böhmen deutschrechtliche[56a] Rezeption sind.

Druck ist eingehend geschildert Cosmas I, 5, als Warnung Lubossas für das Volk. A. Brückner, O Piaście, in den Rozprawy der Krakauer Akademie der Wissenschaften, 1898, S. 342, verweist hier auf den Parallelismus mit der Bibel: I, Reg. 8, 11—18 (Samuel).

[51] Nestor sagt hierüber (abgedruckt bei Müllenhoff, D. A. II, 39): Es war kein Recht unter ihnen, ein Geschlecht stand gegen das andere auf, Zank und Uneinigkeit war unter ihnen, sogar fingen sie an, sich untereinander zu bekriegen (vgl. etwa den Streit vor Lubossa). Da versammelten sie sich, besprachen sich untereinander und sagten: Lasset uns einen Knäs suchen, der uns regiere, Ordnung halte und uns gerecht richte (ähnlich sind auch die Wünsche in Böhmen). Sie gingen über das Meer zu den Russen — Warägern. Diesen sagten die Tschuden, Slowenen und Kriwitschen: Unser Land ist grofs, gut und mit allem gesegnet, aber keine Ordnung ist darin. Kommt, bei uns Knäse zu sein und uns zu regieren. Und es wurden von ihnen drei Brüder mit ihren Familien gewählt. — Wenn Palacky, Über Fredegar, Jahrbücher d. böhm. Museums, 1830, S. 399, dagegen einwendet, dafs die Ruriks mit grofsem Gefolge gekommen seien, so ist ihm schon von Holub, Programm des Leopoldstädter Gymnasiums, Wien, 1879, S. 13, treffend entgegengehalten worden, dafs auch Samo mit einem Gefolge von Kaufleuten gekommen sei. Vgl. Fredegar c. 48: Samo ... plures secum negotiantes adscivit ad exercendum negotium inter Sclavos. Das Ganze war jedenfalls eine wohlbewaffnete Karawane unter Führung Samos.

[52] Vgl. darüber zuletzt am ausführlichsten und gründlichsten P. Puntschart, Herzogseinsetzung und Huldigung in Kärnten, 1899.

[53] Vgl. Cosmas I, 6: stimulum quem manu gestabat.

[54] Vgl. Cosmas I, 5: Duobus variis bubus arat.

[55] Gegen das Versprechen, ein gerechter Richter und auf des Landes Wohl bedacht zu sein, ferner gegen den Kaufpreis, bestehend aus 60 Pfennigen, den beiden Feldtieren und der Bauerntracht, sowie gegen Zusicherung der Abgabenfreiheit für den Herzogsbauer. Vgl. dazu Pappenheim, Z.² f. R.-G., Germ. Abt. 20 (1899) S. 310.

[56] Insoweit auch richtig P. Puntschart a. a. O. S. 237 f. gegen J. Peisker, von dem er aber leider den ganz frei hineininterpretierten Sieg der Bauern über den Hirtenadel übernimmt. Vgl. dagegen auch Pappenheim a. a. O. S. 310 f.

[56a] Vgl. Brunner, R.-G. I, 128: „Immer hat er (der Grofskönig) die Heerführerschaft, welche den Schwerpunkt seiner Stellung bildete ..." Dalimil 4 (Fontes Rerum Bohemicarum 3, 11 f.) hat die Warnung Lubossas vor einem dux überhaupt (I, 5) geradezu zu einer Warnung vor

Nach Przemysls Tode schwächen sich diese unnationalen Elemente sofort beträchtlich ab. Es folgt eine Periode des Verfalls. Das sagt der Chronist ausdrücklich[57]. Nichtsdestoweniger hat sich das imperium des böhmischen Fürsten, namentlich auch das militärische Element im Fürstentum seither erhalten. Die Sage von Neklan, einem der direkten Nachfolger Przemysls, und Wlastislaw, dem Fürsten der Luczanen, läſst es deutlich hervortreten, — freilich in sehr verschiedener Ausgestaltung.

Das militärische Element bei Neklan ist seiner Natur nach patriarchalisch, nicht heroisch, es weist also eine starke Rückbildung auf. Neklan erscheint wohl als der geborene Anführer. Er sollte eigentlich das Volk in den Kampf führen. Darum heiſst er den Tyro seine eigene Rüstung anziehen und sein Leibroſs besteigen, und darum gibt sich Tyro in der Ansprache an das Heer für den dux aus[58]. Es ist dies derselbe Zug, wie wenn bei den Germanen das Königskind, allenfalls auch als Säugling, als Heerführer fungiert[59]. Der Held der böhmischen Sage ist aber nicht der Fürst, sondern Tyro. Neklan ist feig, versteckt sich[60], tritt beim ersten Zusammenstoſs gar nicht hervor[61], beim zweiten führt er den eben erwähnten Betrug aus[62]. Und trotzdem wird er nicht nur nicht weggejagt, sondern spielt noch nachher eine durchaus angesehene Rolle[63]. Wie ganz anders sind trotz des gleichen patriarchalischen Ausgangspunktes die germanischen Verhältnisse! Einen

---

der Fremdherrschaft ausgesponnen: „Bude-li nad vámi cizozemec vłásti, nemoci bude dlúho váš jazyk trvati.“ Für deutschrechtliche Entlehnung spricht auch die bekannte Entlehnung der deutschen Worte chuning und Karl durch die Slaven. Vgl. neuestens Schrader, R.-L. S. 453 f.

57 Siehe oben § 2 Anm. 32.

58 Cosmas I, 12: Hunc dux clam ad se vocat et praecipit ut arma sua induat et paucis clientibus id scientibus herilem equum iubet ut ascendat atque vice sui milites ad pugnam praecedat.... is qui aestimabatur dux ... concionaretur ad milites Tyro: Si fas, inquit, esset duci verbis addere virtutem multiplicibus vos tenerem sermonum ambagibus. Vgl. dagegen über Preuſsen Hein, Zeitschr. f. Ethnologie 22 (1890) S. 162: Die Oberleitung im Kriege lag nicht den reges ob, vielmehr wurden in Kriegszeiten besondere Führer gewählt. Doch zeigt diese Eigentümlichkeit ganz besonders den unmilitärischen Charakter des preuſsischen Königtums.

59 Grimm, R.-A. 1, 319; Schröder, R.-G.³ 110 Anm. 33 und die dort Citierten.

60 Cosmas I, 12: Interea dux eorum Neclan lepore pavidior et pardo fuga velocior, pugnam imminentem pertimuit et ficta infirmitate in castro supradicto delituit. Auch der nach Brückner, O Piaście a. a. O. S. 134, unhistorische Name Neclan bedeutet wohl so viel als „der Unkriegerische“; von ne-kláti?

61 Cosmas I, 11.

62 Cosmas I, 12.

63 Cosmas I, 13: quamvis paganus tamen ut catholicus bonus misericordia motus. Vgl. auch I, 13 am Ende.

dem böhmischen parallelen, aber lange nicht so schlimmen Fall kriegerischer Untüchtigkeit erzählt Prokopius von Caesarea[64]. Der Vandalenkönig Hilderich ist seinen Untertanen ein sehr gütiger Herr, von sanfter Gemütsart, aber ganz und gar unkriegerisch. Er entspricht also etwa unserem Neklan. Hilderichs Vetter Hoamer dagegen ist ein grofser Krieger und führt die Vandalen auf ihren Zügen. Er heifst sogar der vandalische Achilles. Also im wesentlichen unser Tyro. Ganz verschieden ist aber die Entwicklung der Situation. Bei den Vandalen verschwört sich Gelimer mit den Ersten seines Volkes, den Hilderich zu stürzen, weil er unkriegerisch sei und sich von den Mauren habe schlagen lassen. Die Verschwörung gelingt, Gelimer gelangt zur Herrschaft und setzt den Hilderich gefangen. Hier zeigt sich ganz besonders klar, dafs es nicht der Dukat ist, der das Fürstentum schafft, wie Lippert, von seiner „allgemeinen" Sozialwissenschaft ausgehend, schon für Kraks Zeiten trotz des ausdrücklichen Widerspruchs unseres Chronisten will[65]. Die kriegerische Stimmung des Fürstentums der Czechen, die durch Przemysl-Samo eingetreten war, ist jetzt, zu Neklans Zeiten, also, wie wir wohl sagen können[66], zu Beginn des neunten Jahrhunderts, stark verblafst. Neklan erscheint als der Erbe einer Funktion, der militärischen nämlich, die sein landfremder Ahn dem Fürstentum einverleibt hat. Er ist aber Epigone. Er hat die Funktion wohl ererbt, aber nicht erworben.

---

[64] Prokopius, Vandalenkrieg I, 9 (Dindorf, Bonn, 1833, S. 349 ff.): *Ἰλδέριχος .. ὃς τὰ μὲν ἐς τοὺς ὑπηκόους εὐπρόσοδός τε ἦν καὶ ὅλος πρᾶος, καὶ οὔτε χριστιανοῖς οὔτε τῷ ἄλλῳ χαλεπὸς ἐγεγόνει, τὰ δὲ ἐς τὸν πόλεμον μαλθακός τε λίαν καὶ οὐδὲ ἄχρι ἐς τὰ ὦτα τὸ πρᾶγμά οἱ τοῦτο ἐθέλων ἰέναι. Ὀάμερ .. ἀνὴρ ἀγαθὸς τὰ πολέμια ἐστρατήγει ἐφ᾽ οὓς ἂν στρατεύοιντο Βανδίλοι· ὃν δὴ καὶ Ἀχιλλέα οἱ Βανδίλοι ἐκάλουν .... Γελίμερ .. Βανδίλων ἑταιρισάμενος εἴ τι ἄριστον ἦν ἀναπείθει ἀφελέσθαι μὲν Ἰλδέριχον τὴν βασιλείαν, ὡς ἀπόλεμόν τε καὶ ἡσσημένον πρὸς Μαυρουσίων .. οἱ δὲ ἀναπεισθέντες κατὰ ταῦτα ἐποίουν.* Vgl. auch noch Brunner, R.-G. I, 124 und 128.

[65] Lippert, Sozialgeschichte Böhmens I S. 113. Dagegen erkennt ganz richtig Palacký, Dějiny I, 1, 192, dafs nach Cosmas der Ursprung der höchsten und Zentralgewalt in Böhmen im Richteramt, und nicht im militärischen Herzogtum, zu sehen sei. Infolge falscher Datierung des Sageninhaltes aber (vgl. oben § 2 Anm. 4) zerstört er sich diese wichtige Erkenntnis wieder. Der „siegreiche Samo, Krok und Przemysl" mufsten Kriege führen und „haben deshalb nicht nur das Amt der Geschlechtsvorstandschaft, sondern oft auch eine wirkliche Herrschaft über das Volk ausgeübt. Aber ihre Kriegs- und Herrschaftswerke haben sich nicht dem Gedächtnis des Volkes eingegraben ..." Auch Palacký interpretiert hier also die echte Figur des Krak, wie ihn Cosmas schildert, hinweg. Nichtsdestoweniger entgeht ihm doch der Unterschied der alten, böhmischen und der germanischen Fürsten nicht, wenn er auch diese sowie Boleslaw I. a. a. O. nicht ganz richtig einschätzt.

[66] Vgl. oben § 2 Anm. 33 ff.

Ganz anders präsentiert sich das militärische Staatselement bei den Luczanen. Bei Wlastislaw erscheint es nach der Schilderung des Cosmas zunächst despotisch. Wlastislaw ist bellicosus, er gründet eine Burg zur Beunruhigung der Nachbargaue Belina und Lutomerici, endlich stürzt er sich auf die Boëmi. Zu diesem Behuf bietet er sein Volk unter Androhung der Todesstrafe auf[67]. Wenn man auch zugeben mufs, dafs Cosmas den Luczanerfürsten schwarz ausmalt[68], so ist doch der Kern der Erzählung für echt zu halten. Ein ähnliches Aufgebot[69] und sonstige despotische Geltendmachung des militärischen Dukats[70] kommen auch später noch in Böhmen vor. Der patriarchalische Charakter des Fürstentums ist deshalb bei den Luczanen nicht minder vorhanden. Nach dem Siege der Boëmi wird das verwaiste Luczaner Fürstenkind als Geisel in einer von den Czechen erbauten Markburg Dragus interniert, ut populus qui dispersus fuerat[71], ad filium herilem suum quippe principem ceu apes ad suam materculam confluerent[72]. Dieses patriarchalische Element und die kulturfördernde Macht des kriegerischen Wesens dieses Volkes mögen das Despotische in der Richtung nach dem Heroischen modifiziert haben.

---

[67] Cosmas I, 10: His praefuit dux nomine Wlastislaw, vir bellicosus et in bellicis armis animosus, ac consiliis supra dolosus ... Nam contra Boëmos frequenter susceperat bellum, et semper .. praevaluerat .. Hic condidit urbem, quam appellavit nomine suo Wlaztizlaw .. scilicet in confinio duarum provinciarum Belina et Lutomerici, et posuit in ea viros iniquos, ob insidias utriusque populi, quia hii adiuvabant partes Boemorum .... cor ducis est elevatum, ut mente feroci exardesceret omnem Boemiam ad obtinendum .... Mox mittit gladium per omnes fines tocius provinciae hac conditione principalis sententiae, ut quicunque corporis statura praecellens gladii mensuram segnius iusso egrederetur ad pugnam, procul dubio puniretur gladio.

[68] Er hafst das Volk. I, 12: Intera dux Lucensis, ferocissimus mente, cum superbissima gente, quibus et hodie a malo innatum est superbire. Die Stelle ist ganz falsch gedeutet von H. Jireček, Recht in Böhmen I, 18. Cosmas preist nicht „die kriegerische Stärke, den stolzen Sinn und das vornehme Wesen“ der Luczanen. Er beschimpft sie ja doch! Die kriegerische Stärke, der stolze Sinn und das vornehme Wesen, das Jireček bei den Luczanen konstatiert, sind Germanismen! Vgl. eigentlich auch H. Jireček selbst a. a. O. I, 751, wo er sagt, dafs „in dem Benehmen“ „des hochmütigen Fürsten“ so mancher Anklang an deutsche Sitte wahrzunehmen ist. Sehr beachtenswert ist, dafs Cosmas dasselbe den Deutschen vorhält: I, 40, abgedruckt oben § 4 Anm. 12.

[69] Cosmas II, 2 (1039): Bracizlaus .. terribilem dictat sententiam totius Bohemie per provinciam mittens in signum sue iussionis torquem de subere tortum, ut quicunque exierit in castra segnius dato signaculo sciret procul dubio tali torque se suspendendum in patibulo. Vgl. dazu meine Ausführungen in der Krit. Vierteljahrsschrift, 1901, S. 185 ff.

[70] Cosmas I, 19: Erpressung des Burgenbaus vom Adel durch Boleslaw I.

[71] In die Wälder, oben § 2 Anm. 40.

[72] Cosmas I, 13.

Die bekannten Beziehungen Böhmens zum Westen[73] machen hier, bei den Luczanen, die Annahme eines deutschrechtlichen Einflusses durchaus wahrscheinlich, wenn wir auch nicht gerade behaupten wollen, daſs das Resultat rein deutschrechtlich war.

§ 9.

Staatenvereinigungen.

Es kann keinem Zweifel unterliegen, daſs innerhalb des populus commercium und conubium bestand. Der Umstand, daſs Krak von Parteien der ganzen provincia als Schiedsrichter aufgesucht wurde[1], zeugt für die erste, die Ehefreiheit des goldenen Zeitalters für die zweite Behauptung[2]. Diese Kommerzial- und Konubialgemeinschaft ging aber auch — wenigstens schrittweise — weiter. Ein Konubium von populus zu populus repräsentiert oder — was mir wahrscheinlicher ist — begründet Przemysl durch seine Vermählung mit Lubossa[3]. Bei der groſsen Ehefreiheit mögen derartige Anknüpfungen nicht schwer gewesen sein. Auf gewaltsame Begründung eines Konubialverhältnisses zweier benachbarter populi deutet vielleicht die Sage von der Einnahme der Mägdeburg[4]. In der Anekdote von der Gattin eines Luczaners, einer böhmischen Hexe (?), die in der Entscheidungsschlacht gegen ihren Mann kämpft und von ihm erschlagen wird[5], liegt vielleicht eine Spur von Conubium zwischen den noch gröſseren, sogleich zu besprechenden Vereinigungen beschlossen. Ob und wie weit über diese Fälle hinaus von Anfang an zwischen den verschiedenen populi Böhmens Rechts- und Friedensgemeinschaften, namentlich etwa sakralen Charakters, bestanden, ist aus der Sage nicht zu entnehmen. Auch das Bewuſstsein ge-

---

[73] Z. B. Einfälle nach Thüringen schon zur Zeit Samos, Fredegar 68: Sieg Samos über das fränkische Heer bei Wogastisburg. Multis post haec vecebus Winidi in Toringia et relequos vastandum pagus in Francorum regnum inruunt. Taufe der 14 ex ducibus Boemanorum cum hominibus suis in Regensburg 845: Annales Fuldenses 845, dazu E. Dümmler, Geschichte des ostfränkischen Reiches I, 273. In der älteren Literatur wurden gelegentlich die Luczanen geradezu als Deutsche aufgefaſst. Vgl. Kuthen (1533) zu Wogen: Dieser teilt das Reich unter seine zwei Söhne. Winslaw erhält Czechien, Wratislaw (Wlastislaw des Cosmas) die Deutschen (Niemce, to gest Srby); das sollen aber die Luczanen sein, die Kuthen mit den Lausitzern identifiziert (ebenso Dubravius, Hist. Boh. lib. 2., dem sich auch Dobner II, 134 trotz Cosmas anschlieſst).

[1] Siehe oben § 8 Anm. 16 ff.

[2] § 4 Anm. 3 ff.

[3] Oben § 8 Anm. 36 ff.; § 2 Anm. 5; § 4 Anm. 6. Nur insoweit ist Lippert, Soz.-Gesch. Böhm. I, 116, im Recht.

[4] Oben § 4 Anm. 27 ff.

[5] Cosmas I, 11 und 12 am Ende.

meinsamer Abstammung erhellt nirgends[6]. Nach dem allgemeinen Zuschnitt der Dinge werden wir diese Momente nicht unbedingt auszuschließen haben, dürfen ihnen aber auch nicht im entferntesten jene Solidität zuschreiben wie den Parallelerscheinungen im germanischen Leben[7]. Von einer Einheit Böhmens etwa auf Grund einmaliger Okkupation bloß durch die Schar des Čech, die sich dann erst in mehrere populi gespalten hätte[8], kann wohl nicht die Rede sein.

Die geschichtliche Entwicklung brachte aber allmählich immer größere Vereinigungen zu stande[9]. Der Ausgangspunkt ist die Przemysl-Samonische Zeit. Samo hat bekanntlich eine sehr ausgedehnte Vereinigung geschaffen, zum Teil wohl gefördert dadurch, daß er die Töchter der angesehensten Häuptlinge heiratete[9a]. Es ist nicht unmöglich, daß ein Bruchstück dieser Vorgänge in der Przemysl-Sage wiedergegeben ist[10]. Es gilt als ausgemacht, daß die Einheit nach dem Tode Samos verfiel[11], doch ist damit wohl nicht ausgeschlossen, daß der einmal gegebene Anstoß zur Kristallisierung der bis dahin ziemlich flüssigen Masse fortwirkte. Unter dem Sagenfürsten Neklan finden wir tatsächlich größere Vereinigungen, die in verschiedener Weise erfolgt zu sein scheinen. Bei den Luczanen hat die Vereinigung vielleicht gewaltsam stattgefunden. Die Bevölkerung aller fünf regiones, von denen das Reich gebildet wird, heißt nur nach der einen davon, Luczanen[12].

[6] Die Bemerkung von Abraham Jakobsen bei Wattenbach S. 138, daß die Slaven „in früherer Zeit alle vereinigt waren unter einem Könige, der den Titel Mâcha hatte und zu einem Geschlechte gehörte, das Walinbâba hieß und in hohem Ansehen unter ihnen stand“, müßte erst aufgeklärt werden.

[7] Brunner, R.-G. I, 30 ff.; Schröder, R.-G. 11. Daß die Slaven in weitem Umfange nicht ganz zusammenhanglos waren, erweist außer der beträchtlichen Sprachenverwandtschaft die Schnelligkeit der großen Reichsgründung durch Samo.

[8] So namentlich Palacký, Dějiny I, 193; Tomek, Časopis Českého Musea, 1858, S. 250 u. 482, zum Teil auf Grund der gefälschten Handschrift. Jireček, Právo slovanské I, 120 und Recht I, 73. Vgl. dagegen J. Lippert, Mitt. f. Gesch. d. Dtsch. in Böhm. XXIX S. 108 ff. und Soz.-Gesch. Böhm. I, 119 ff.; ferner auch schon Dobner, a. a. O. I, 55 f.

[9] Ziemlich detailliert handelt über größere Staatenbildungen J. Lippert, Mitt. XXIX S. 108 ff. und Soz.-Gesch. Böhmens I, 106 ff. Seine Ausführungen sind aber, wenn auch sehr anregend, doch zu hypothetisch, als daß ich mich trauen würde, sie einfach zu übernehmen.

[9a] Siehe oben § 4 Anm. 55 ff.

[10] Vgl. oben § 2 Anm. 5 ff.

[11] A. Huber, Gesch. Österreichs I, 61; Lippert, Soz.-Gesch. I, 128; Bachmann, Geschichte Böhmens 87 f.; Palacký, Dějiny I, 1, 99. v. Krones, Hb. d. Gesch. Österreichs I 252.

[12] Cosmas I, 10. Lippert, Soz.-Gesch. Böhmens I, 108, erblickt im Mieser Gau ein Kolonisationsgebiet, weil Cosmas ihn als Waldgau bezeichne.

Volk und Fürst werden besonders kriegerisch geschildert. Ein Adel scheint zu mangeln[13].

Eine friedlichere Vereinigung, offenbar eingeleitet durch Przemysl, hat stattgefunden zwischen den Boëmi und den Gauen Belina und Lutomerici. Diese Vereinigung scheint aber auch dementsprechend durchaus lose zu sein. Die Gaue heifsen ebenso wie der böhmische provinciae und deren Bevölkerung ebenso populi, als ob sie ganz selbständig wären. Und dennoch ist zu beachten, dafs Wlastislaw bei seinem Vorgehen gegen die Boëmi gerade gegen diese zwei Gaue sich wendet und gegen sie eine Burg baut, quia hii adiuvabant partes Boëmorum. Diese ständige Unterstützung der Böhmen durch die beiden, also irgendwie vereinigten Gaue darf nicht unterschätzt werden. Als Rechtsverhältnis mag sie keine besonders starke Belastungsprobe aushalten. Nach modernen Begriffen würde man vielleicht geneigt sein, hier höchstens ein völkerrechtliches Verhältnis zuzugestehen. Berücksichtigt man aber, dafs es sich doch offenbar um irgend eine Fortsetzung des Przemysl-Samonischen Verhältnisses handelt, so legt sich die Auffassung nahe, dafs wir es hier mit einem höheren — sit venia verbo — staatsartigen Verbande mehrerer populi zu tun haben, mit einem Verbande wahrscheinlich, der mehr durch Frieden als durch Recht zusammengehalten wird. Vielleicht spricht für diese Auffassung auch noch der Umstand, dafs für die beiden nördlichen Gaue ein Gauvorstand nicht genannt wird. Es kann sein, dafs es mit infolge der Vereinigung mit „Böhmen“ zur Ausbildung eines solchen gar nicht gekommen ist, oder aber dafs eine derartige Spitze vielleicht gerade wegen des Anschlusses an die Boëmi weggefallen ist. Möglicherweise ist der heldenhafte Tyro der Neklansage ein solcher mediatisierter Gaufürst; er ist ja post ducem (Neklan) secundus in imperio, also etwa der Nächstangesehene[14], — eine Kategorie staatsmäfsiger Unterordnung, die uns ja bereits geläufig ist.

In gleichfalls loser Weise erfolgt die Angliederung des Luczanenreichs. Hier wird mehr ein Gewalt- als ein Rechtsverhältnis hergestellt. Die Boëmi plündern das Luczanenreich, die Besiegten aber verlaufen sich in die Wälder[15]. Das Luczaner Fürstenkind wird als eine Art Geisel in der Burg Dragus interniert. Diese Burg wird aber erbaut bei Postelberg, zwar im Lande, aber nicht im Centrum der Luczanen, sondern an der czechischen Grenze, in plano. Sie ist also, um einen deutschrechtlichen Ausdruck zu gebrauchen, eine

---

[13] Vgl. oben S. 76 f.

[14] Vgl. oben S. 77 und unten Anm. 20, 25.

[15] Cosmas I, 13: Boëmi intrantes terram illorum et nullo resistente devastantes eam, civitates destruxerunt, villas combusserunt, spolia multa acceperunt . . . und populus qui dispersus fuerat. Vgl. dazu Lippert, Soz.-Gesch. Böhmens I, 118 f.

Markburg[16]. Die Burg wird einem Serben, Namens Durinch, anvertraut, von dem man annimmt, dafs die Luczanen mit ihm als einem Fremden nicht leicht gegen die Czechen konspirieren würden[17]. Die Herrschaft, die man in dem Luczanenreich einführt, besteht wesentlich blofs in dieser Grenzburg und in der Geiselschaft des Fürstenkindes[18]. Nach dem — laut Cosmas ohne Zutun des Czechenfürsten erfolgten — Tode der Fürstenwaise wird keine weitere besondere Einverleibungsmafsregel gemeldet. In den Jahren 815, 816 u. s. w. wird immer eine ganze Reihe von duces Bohemorum genannt. Mit Rücksicht auf die kirchliche Verbindung mit Regensburg ist für das Luczanenreich gewifs noch eine grofse politische Rolle anzunehmen. Unter den genannten duces sind gewifs auch Fürsten aus diesem Gebiet gemeint. Da wir aber bei der Unterwerfung dort einen Adel nicht finden, ist es sehr wahrscheinlich, dafs in dem eroberten Gebiet czechische primates angesiedelt wurden, ähnlich wie nachmals die Slawniksche Burg Lubic den Wrschowitzen gegeben worden ist.

Eine weitere gröfsere Reichsbildung tritt im Osten Böhmens auf, das Reich Slawniks[19]. Über dessen Entstehung wird nichts berichtet; doch ergibt schon seine Ausdehnung, dafs es aus mehreren populi, darunter die Dudlebi und Netolici, zusammengewachsen ist[20]. Von einer gewaltsamen Vereinigung findet sich keine Spur. Im Gegenteil. Es ist wohl nicht blofs einseitige Befangenheit des Cosmas, dafs er Slawnik als einen eminenten Friedensfürsten, reich und angesehen schildert[21], ganz wie die führenden Männer altslavischer Art, ohne irgendwelche militärische Tüchtigkeit auch nur zu berühren.

Trachten wir aus diesen Entwicklungsgängen gemeinsame

---

[16] Cosmas I, 13: Novam urbem in plano loco construens nomine Dragus, super ripam fluvii Ogre iuxta pagum Postolopirth, ubi nunc cernitur sanctae Mariae coenobium, tradidit civitatem et puerum paedagogo, cui antea pater suus eum commiserat. . . Vgl. auch die Gründung von Bunzlau durch Boleslaw I. bei Cosmas I, 19.

[17] Cosmas a. a. O.: Quod utique factum est, . . ut populus qui dispersus fuerat ad filium herilem, suum quippe principem . . confluerent; tum si quando resistere vellent in plano loco facile capi possent, tum quia cum viro alienigena non tam cito conspiraret plebs indigena.

[18] Über die Behandlung der von den Franken unterworfenen Völkerschaften siehe Dümmler, De Bohemiae condicione S. 9 f.

[19] Vgl. Lippert, Soz.-Gesch. Böhmens I, 175 ff.; A. Bachmann, Geschichte Böhmens S. 117.

[20] Vgl. Cosmas I, 27. Die Worte: in domo illius . . procerum multitudo betreffen vielleicht solche friedlich mediatisierte Fürsten, ähnlich wie das oben Anm. 14 von Tyr der Neklansage vermutet wurde.

[21] A. a. O.: Erat enim vir laetissimus ad omnes facie, in consiliis serenissimus mente, alloquiis blandissimus, locuples divitiis quam secularibus tam spiritualibus. Ebenso Canaparius c. 1 (Fontes Rerum Bohemicarum 1, 235), der wohl Ansehen und Reichtum, aber keine kriegerische Tüchtigkeit des Slawnik hervorhebt. Vgl. Loserth, Der Sturz des Hauses Slawnik, Archiv f. österr. Gesch. 65 (1883) S. 21 ff.

Grundgedanken hervorzuheben, so ergibt sich einmal der Fortgang der altböhmischen friedlichen Gemeinschaftsbildung. Sowohl die Berichte über Samo[21a] als die Sage von Przemysl sind in dieser Beziehung durchaus friedlich gestimmt; die Angliederung der Gaue Belina und Lutomerici weist auf friedlichen Anschlufs hin; das Reich Slawniks ruht auf friedlichen Grundlagen. Dagegen erscheint der Kern des Luczanenreichs wesentlich militärisch. Aber ganz besonders entwicklungsgeschichtlich interessant ist dessen Angliederung an Böhmen, das bis dahin ein im Wesen friedliches Anwachsen aufzuweisen hatte. Ich glaube, man hat es hier mit dem Zusammentreffen zweier nationaler Prinzipien zu tun. Das westliche Luczanenreich hat zweifellos unter mächtigem fränkischem Einflufs gestanden. Die Reichsgründung erinnert hier eminent an die fränkische. Dagegen haben sich östlich davon Reiche auf altnationaler Grundlage gebildet: das Reich der Czechen in Verbindung mit den Gauen von Belina und Lutomerici, das Reich Slawniks. Der Ansturm der Luczanen auf die Böhmen teilt diesen das fränkische Staatselement, die militärische Unterwerfung mit. Die Böhmen müssen sich wehren und nach einem siegreichen Ausgang in prinzipiell militärischer Weise sich das militärische Luczanenreich einverleiben. Diese Welle setzt sich dann, nachdem sie unter Wenzel dem Heiligen eine Aufbäumung Czechiens zu Gunsten der eigenen Selbständigkeit hervorgerufen, die aber erst recht zur Festigung deutscher Einflüsse geführt hat[22], unter Boleslaw I. nach Osten fort. Sie wird eingeleitet durch den Bau der Burg Altbunzlau und ergreift schliefslich das Reich Slawniks[23]. Dieser weitere Verlauf fällt aufserhalb des Rahmens dieser Ausführungen. Doch mag zur Beleuchtung des bisher entworfenen Bildes jetzt schon bemerkt werden, dafs wahrscheinlich die Angliederung des Ostreiches zunächst in der friedensmäfsigen altslavischen Weise erfolgt war. Witizla — vielleicht der Fürst dieses Reichs[24] — ist mit und neben Spitihnew der zweite unter

---

21a Eine speziell „friedliche" Unterwerfung liegt auch zu Grunde Aussprüchen wie der Samos (Fredegar c. 68): Et terra quam habemus Dagoberti est, et nos sui sumus, si tamen nobiscum disposuerit amicitias conservare. Vgl. weitere ähnliche bei Jireček, Recht 1, 95, wo auch der Gegensatz in der Auffassung bei Erklärungen, wie z. B. des Erzbischofs von Salzburg im Jahre 900: sive velint sive nolint regno nostro subacti erunt hervorgehoben wird. Dieser Gegensatz ist eben durch die vorwiegend friedensmäfsige slavische einerseits und durch die rechtliche deutsche Auffassung andererseits zu erklären.

22 Widukind 1, 35 (M. G. SS. III, 432 f.): Heinricus rex . . Pragam adiit cum omni exercitu, Boemiorum urbem, regemque eius in deditionem accepit . . . qui quamdiu vixit imperatori fidelis et utilis mansit. Vgl. A. Bachmann, Gesch. Böhmens S. 129.

23 Cosmas I, 19 und 27. Vgl. Bachmann, a. a. O. S. 179 ff.

24 Bachmann, a. a. O. S. 117.

den Fürsten aus dem Böhmerlande[25], und die Kooperation Boleslaws II. und Slawniks bei den Anfängen des Prager Bistums[26] weist schon eine recht intime Gemeinschaft auf. Aber erst der Sturz des Hauses Slawnik hat dem Verhältnis jene Festigkeit verliehen, die eine staatsrechtliche Unterordnung unzweifelhaft machte. Die Wrschowitze, welche die Besitzungen der Slawniks erwerben, sind in ihrem Kampfe gegen die Przemysliden juristisch rebellische Adelige.

§ 10.

Friede und Friedfertigkeit.

I. Der Friede.

Die juristische Schwäche der besprochenen Organisationen darf uns nicht zu einer halbwahren Vorstellung von denselben verleiten. Es gibt noch eine Reihe von Bindemitteln, welche die juristische Organisation verstärken, die wir kurz als Gemeinsamkeit der Kultur zusammenfassen können. Aufser Gleichartigkeit von Sprache, Religion und sittlichen Vorstellungen kommt besonders auch eine gemeinsame Rechtsüberzeugung in Betracht. Freilich spielt das Recht in den Anfängen eine verhältnismäfsig geringe Rolle. Der gröfste Teil des Lebens spielt sich ab jenseits von Recht und Unrecht[1]. Erst allmählich verstärkt sich der Einflufs der Rechtsidee. Dieses wohl allgemeine Gesetz schimmert auch in Böhmen aus der Sage durch. Das goldene Zeitalter bietet uns Zustände, die fast rechtlos erscheinen[1a].

---

[25] Annales Fuldenses 895: omnes duces Boemaniorum .... quorum primores erant Spitignewo, Witizla ... Ein charakteristisches Bild solcher slavischer Unterordnung bieten die Ann. Einh. zu 789 M. G. SS. I S. 175: Carolus ingressus Wiltzorum terram cuncta ferro et igni vastari iussit. Sed gens illa, quamvis bellicosa et in sua numerositate confidens, impetum exercitus regii diu sustinere non valuit; ac proinde, cum primum civitatem Dragawiti ventum est, — nam is ceteris Wiltzorum regulis et nobilitate generis et auctoritate senectutis longe praeeminebat, — extemplo cum omnibus suis ad regem de civitate processit ... Quem ceteri Sclavorum primores ac reguli omnes secuti, se regis ditioni subdiderunt.

[26] Das Bistum wird in Prag gegründet; aber Adalbert, Sohn des Slawnik, geht nach Magdeburg, um sich für dieses Amt vorzubereiten. Die Ausstattung des Bistums erfolgt von dem Prager und Lubizer Fürsten gemeinsam. Vgl. Tomek, Časopis Českého Musea, 1858, S. 480 ff., und J. Lippert in den Mitteilungen des Vereins für Gesch. d. Deutschen in Böhmen XXIX, 141, 142.

[1] Das ist wohl der historische Kern der Sagen vom goldenen Zeitalter, wo immer sie sich finden.

[1a] Cosmas I, 3, dazu die vorhergehenden obigen Ausführungen. Vgl. auch Chronicae Polonorum II, 42, zitiert bei Hein, Altpreufsische

Dazu kommt, dafs das Rechtsleben zunächst fast allgemein im Friedensleben beschlossen erscheint. Von Frieden oder Unfrieden hängt es ab, ob das Recht zum Durchbruch kommt, ja, ob es überhaupt anerkannt wird. Für die germanischen Verhältnisse und für die Bedeutung dieses Satzes in der Rechtsentwicklung überhaupt mufs ich mir die Ausführungen für ein andermal vorbehalten. Für die Zustände der böhmischen Sage genügt ein Hinweis auf die Sühnegerichte[2]. Nur wenn die Parteien freiwillig Recht geben, zu Recht stehen, kommt es zu einer prinzipiellen Rechtsdurchsetzung; sonst bleibt es dem Einzelnen überlassen, sich sein vermeintliches Recht zu holen, soweit er es eben vermag.

Dafs wir innerhalb eines Stämmchens, innerhalb des populus von einer gemeinsamen Rechtsüberzeugung auszugehen haben, zeigt die Bemerkung der Sage, dafs Krak nicht blofs von den Angehörigen seiner Sippe, seiner tribus oder seiner plebs, sondern von Parteien der ganzen provincia als Schiedsrichter gesucht war[3].

Ein weiteres und zunächst ungleich kräftigeres Bindemittel ist der Friede[4]. Ich verstehe unter Friede einmal das Gefühl der gegenseitigen Liebe, der Zusammengehörigkeit, und sodann den diesem Gefühl entsprechenden friedlichen freudigen Zustand[5]. Der Friede beruht hauptsächlich auf der Gemein-

---

Wirtschaftsgeschichte, Zeitschr. f. Ethnologie, 1890, S. 153: Adhuc ita sine rege sine lege persistunt.

[2] Vgl. oben § 8 Anm. 7 und 22 ff. Vgl. auch Otto von Zallinger, Wesen und Ursprung des Formalismus im altdeutschen Privatrecht, Wien 1898.

[3] Cosmas I, 3.

[4] Das soziale Element des Friedens scheint mir, trotzdem es nichts weniger als übersehen worden ist, von der Rechtswissenschaft noch nicht eingehend genug gewürdigt. Über den Frieden vgl. namentlich Wilda, Strafrecht der Germanen S. 225. v. Amira, Altnorwegisches Vollstreckungsverfahren S. 2. Desselben Nordgermanisches Obligationenrecht 1, 141. Desselben Recht S. 7, 95, 106 f., 112, 141, 144. K. Lehmann, Der Königsfriede der Nordgermanen S. 1 ff. H. Brunner, Deutsche Rechtsgeschichte I, S. 109 ff., 123 ff., 156 ff.; II, S. 711 (Register). O. Gierke, Der Humor im deutschen Recht[2] S. 12 ff. und Das deutsche Genossenschaftsrecht I, 15, 16 ff., 30 ff. R. Schröder, R.-G.[3] S. 909 (Register). H. Brunner, Grundzüge der deutschen Rechtsgeschichte S. 11 f., 17 f.

[5] Ich sammle für diese Frage schon seit Jahren Materialien und hoffe, meine Ausführungen darüber an anderer Stelle veröffentlichen zu können. Vorläufig mufs ich mich etwa mit dem Hinweis auf die Wortbedeutung des „Friedens" begnügen, bei welcher aber mehr, als es durch v. Amira geschieht, auf die positive Förderung Nachdruck zu legen ist. Friede ist nicht blofs „Schonung" (so v. Amira, Recht[2] S. 7), sondern oft auch positive Liebe, Förderung. Für deutsche Verhältnisse vgl. etwa auch noch Qazwînî bei Jacob, Ein arabischer Berichterstatter, 1890, S. 14: „Das Innere von Rûm. Dort gibt es einen Stamm . . Sie sind die Söhne einer Mutter, und zwischen ihnen besteht innige Liebe." Dazu die bekannte Stammsage und die grofsen Kultverbände in Tacitus' Germania. Selbst Schrader, R.-L. S. 481, hat

samkeit des Blutes und der Kultur. Er ist in seiner jeweiligen Erscheinung ein historisches Produkt derartiger Momente, mit denen oder mit deren Summe er aber durchaus nicht zu identifizieren ist. Er ist eine selbständige Kategorie. Die Existenz des Friedens hat als Kehrseite den Unfrieden, die Feindschaft, den Hafs. So wie es eine Rechtsordnung mit Recht und Unrecht gibt, so gibt es auch eine Friedensordnung mit Frieden und Unfrieden[5a]. Der Friede hat wie das Recht einen labilen Zug, der sich historisch verschieden gestaltet. Diese Labilität des Friedens braucht hier nicht näher ausgeführt zu werden. Sie ist die Labilität von Liebe und Hafs und ihren Zwischenstufen. Der jeweilige Friedenszustand ist von mafsgebendem Einflufs auf den Rechtszustand. Er kann den letzteren verstärken, aber auch bei Diskrepanz schwächen, untergraben. Und dieser jeweilige Friedenszustand, der in der Kindheit der Völker eine ungleich gröfsere Rolle spielt als die Rechtsordnung, ist auch in unserer Sagenzeit von nicht leicht zu unterschätzender Bedeutung. Alle die Organisationen, die wir bisher kennen gelernt haben, namentlich die älteren, sind fast mehr Friedens- (und daneben auch Macht-) Organisationen als Rechtsorganisationen. Alles dreht sich in erster Reihe um das Ansehen, die Autorität, und speziell in Böhmen, um das durch Reichtum und Einsicht begründete Ansehen. Przemysl, der Macht- und Rechtsmensch κατ ἐξοχήν der Sage stöfst auf einen nationalen Widerwillen[6].

II. Die Friedfertigkeit.

Ein besonders wichtiges Element der sagenhaften Sozialverhältnisse Böhmens ist die Friedfertigkeit. Lippert interpretiert sie vom Standpunkt seiner „allgemeinen“ Sozial-

---

sich trotz seines richtigen sprachwissenschaftlichen Ansatzes verleiten lassen, im Frieden einen „Rechtszustand“ zu sehen.

[5a] An diese Kehrseite der Friedensordnung wird zu wenig oder gar nicht gedacht, und daher kommt es, dafs die so einseitig, sentimental von den slavischen Schriftstellern betonte „Friedensliebe“ der Slaven von besonnenen Forschern mit gutem Recht verworfen wird. Vgl. z. B. C. Höfler, Wiener S.-B. XCVII S. 826. A. Huber, Geschichte Österreichs I, 51. Aber ebenso unrichtig ist es, wenn, wie dies z. B. J. Lippert thut, dort, wo die Quellen von Friedlichkeit der Slaven sprechen, überall, auch an unpassenden Stellen, der leidige Kampf ums Dasein „substruiert“ wird. A. Bachmann, Geschichte Böhmens I, 82 bemerkt zwar richtig, dafs die Meldungen der Schriftsteller stets nur für einzelne Stämme und auch da blofs zu gewisser Zeit richtig sind. Aber auch er hat die falsche oder wenigstens teilweise falsche Fragestellung: Friedensliebe oder kriegerische Wildheit und Raublust. Das Nebeneinander von Abhärtung und „Kindlichkeit der gesellschaftlichen Zustände“ zeichnet treffend R. Roesler, Wiener S.-B. 1873, S. 82 f.; vgl. auch S. 93 a. E., 123 f.

[6] Vgl. oben S. 85.

geschichte einfach hinweg[7]. Durchaus mit Unrecht. An der Spitze der böhmischen Sage steht die friedliche Einwanderung, ein goldenes Zeitalter des Friedens[8], und die friedliche Grundstimmung wirkt auch lange nach. Sie läfst sich geradezu als nationale Eigenschaft der alten Slaven Böhmens von der benachbarten und allmählich eindringenden deutschen Kampfeslust abheben.

Die Friedfertigkeit zeigt sich auf allen Gebieten des sozialen Lebens, im Leben und in der Entwicklung der Familie und der höheren Verbände ebensowohl wie im Vermögensrecht. Die Ausführungen über die Verbände der Sagenzeit weisen im einzelnen auf, wie diese Gruppen weniger durch Recht als durch Friedfertigkeit, gegenseitige Anhänglichkeit zusammengehalten wurden, wie die Bildung höherer Organisationen und von Vorstandschaften durchaus auf friedlichem Wege, hauptsächlich durch Ansehen infolge Reichtums event. auch List, aber durchaus nicht durch Gewalt, Eroberung erfolgte. Immer ist im Grunde der gute Wille das Fundament der bestehenden Ordnung. Selbst die Namen der Vorstände: Krak (corvus), Lubossa, Przemysl u. s. w. sind durchaus friedlicher Natur. Ja, die Gewalt erscheint oft fast gänzlich unanwendbar. Den Völkerschaften kann gewaltsam eine Unterordnung nicht aufgezwungen werden[9]; sie verlaufen sich in die Wälder, und nur auf friedlichem Wege, z. B. indem man ihnen ihren Fürstensprofs als Köder hinhält[10], ist ihnen beizukommen. Diese Friedfertigkeit ist allgemein; sie gilt auch dem Fremden gegenüber. Das — vielleicht auch noch sakral geheiligte — Gastrecht ist eines der Grundelemente des alten Lebens[11].

---

[7] Vgl. Sozialgeschichte Böhmens I, 113. Er ist hier nur ein etwas extremer Repräsentant einer neueren (und eigentlich auch schon ziemlich älteren) Richtung, die sich gegen die Idyllen der Romantiker kehrt und kehrte.

[8] Palacký, Dějiny I, 1, 89 läfst den Czech im Jahre 451 Böhmen erobern. Abgesehen von der Unmöglichkeit der Jahreszahl mit Rücksicht auf die Herrschaft der Langobarden in Böhmen (vgl. Loserth in den Mitteilungen des Instituts für österreichische Geschichtsforschung II, 355ff.) ist auch die behauptete Eroberung zurückzuweisen. Nach der Sage ist das Land leer, sogar noch von der Sintflut her, und Czech kommt mit seiner Schar vielleicht als Flüchtling; vgl. oben § 2 Anm. 40; § 8 Anm. 1. Die Übernahme unslavischer geographischer Namen (Rzíp, Labe, Wlatawa, Jizera vgl. Palacký, Dějiny I 1, S. 39 und 89) weist wohl auf eine gewisse Kontinuität in der Besiedlung des Landes, also auf Berührung der Slaven mit den Deutschen, aber durchaus nicht auf Eroberung hin. — Über das goldene Zeitalter vgl. oben § 1 Anm. 17ff.

[9] Vgl. oben § 2 Anm. 40. Auch Müllenhoff, Deutsche Altertumskunde 2, 100.

[10] Vgl. oben § 8 Anm. 71, 72.

[11] Cosmas I, 3: Nec portam inopi claudebant. Fr. A. Slavík, Č. Č. M., 1890, S. 571, will sogar den Namen Czech als „Gastfreund" erklären. Vgl. Krek, Einführung in die slavische Literaturgeschichte S. 357. Petrus von

Die Friedfertigkeit zeigt sich auch im Bereich der Vermögensverhältnisse. Schon durch den relativen Überflufs und die gleichmäfsige Verteilung der Güter ist ein schroffer Gegensatz von Mein und Dein ausgeschlossen [12]. Dies gilt sowohl innerhalb der einzelnen sozialen Gruppen als auch nach aufsen, Fremden gegenüber. Das Eigentum, das sich allmählich in der Hand des Hausvaters konzentriert, steht auch faktisch meist den Hausgenossen zur Benutzung frei und wird auch auf diese durch den Tod des Gewalthabers übergeleitet [13]. Im Verhältnis zur Obrigkeit spielen gewifs auch in Böhmen Geschenke eine grofse Rolle [14]. Und der Fremde wird nicht

---

Dusburg Cronica terre Prussie 3, 5 (Scriptores Rerum Prussicarum 1, 54): Hospitibus suis omnem humanitatem, quam possunt ostendunt, nec sunt in domo sua esculenta vel potulenta, que non communicent eis illa vice. Non videtur ipsis, quod hospites bene procuraverunt, si non usque ad ebrietatem sumpserint potum suum. Der Gast wird zum Trinken gezwungen. . . Nullus inter eos permittitur mendicare, libere vadit egenus inter eos de domo ad domum et sine verecundia comedit, quando placet. Über die Gastfreundschaft der Wenden s. L. Giesebrecht, Wendische Geschichten I, 38. In der polnischen Sage bildet bekanntlich die Ungastlichkeit des Herrschers Popiel die tragische Schuld für den Sturz der Dynastie. Über die Gastfreundschaft der Germanen Caesar Bell. Gall. 6, 23. . . hisque omnium domus patent victusque communicatur. Tacitus Germania c. 21 namentlich: proximam domum non invitati adeunt. Ein Ausflufs dieses Gastrechtes ist auch das Recht des Wanderers, sich an fremdem Obst zu laben, sein Pferd auf fremder Wiese zu weiden u. dgl. Näheres J. Grimm, R.-A. I, 551 f. Weinhold, Altnordisches Leben 441 f.; Deutsche Frauen 390 ff. K. Maurer, Die Bekehrung des norwegischen Stammes zum Christentum II, 184. Müllenhoff, D. A. IV, 328 ff. O. Gierke, Der Humor im deutschen Recht S. 15. W. Sickel, Der deutsche Freistaat S. 10 Anm. 8. Über indogermanische Verhältnisse zuletzt Schrader, Reallexikon der idg. Altertumskunde S. 269 ff., dessen These, „die Indogermanen seien gegen den Fremdling noch lediglich von feindlicher Gesinnung erfüllt gewesen," doch wohl stark abzuschwächen ist. Vor allem müssen Feindschaftsverhältnisse, wie sie unter Nachbarn sehr häufig sind, prinzipiell ausgeschieden werden; da ist Gastfreundschaft selbstverständlich ausgeschlossen. Aus demselben Grunde mag auch weiter eine gewisse Vorsicht gegen Fremde üblich gewesen sein; sie können ja Kundschafter sein. Daher wohl auch — abgesehen von der Neugierde — die rigorosen Fragen an den Fremdling. Endlich und namentlich ist aber zu unterscheiden zwischen Volksfremden und fremden Volksgenossen. Dem Finnen gegenüber dürfte der Indogermane viel mifstrauischer und feindseliger gewesen sein als gegenüber dem Indogermanen. Im ganzen aber möchte ich, wenigstens vorwiegend, die Institution der Gastfreundschaft der Friedensordnung einreihen und damit namentlich deren grofse Labilität erfassen. Für die Gastfreundschaft sind ferner noch von Bedeutung die Artikel: „Handel" und „Kaufmann" bei Schrader, a. a. O., ferner K. Bücher, Die Wirtschaft der Naturvölker S. 27 ff. Müller, Z. f. öst. Gymn. Bd. LII.

[12] Vgl. auch die allerdings stark rhetorische Stelle bei Cosmas I, 3: Neque quisquam „meum" dicere norat, set ad instar monasticae vitae, quicquid habebant „nostrum" ore corde et opere sonabant.

[13] Vgl. oben § 3.

[14] Vgl. V. Brandl, Glossarium illustrans bohemico-moravicae historiae fontes vv. počestné, pocta, poklona, salutatio. Jireček, Slo-

blofs bewirtet, sondern er darf zweifellos, ähnlich wie bei den Germanen [15], ohne viel zu fragen seinen Notbedarf aus dem offen liegenden Gute seines Nächsten befriedigen. Nur an mehr oder weniger verschlossenen, abgegrenzten Sachen ist das Rechtsverhältnis fester [16].

In das goldene Zeitalter barbarischer Gutmütigkeit, dessen allgemeine Friedfertigkeit durch den harten Druck von seiten der Avaren zunächst gewifs noch gefördert worden ist, kommt ein Stofs durch die „Entstehung" des Eigentums, jedenfalls unter hervorragendem Anteil fränkischer Kaufleute [17]; da beginnt die Friedfertigkeit nachzulassen, ohne aber etwa zu verschwinden. Die ganze Entwicklung der sozialen Gruppe bis Przemysl geht auf diesem friedlichen Wege vor sich [18]. Selbst Przemysl gelangt in durchaus friedlicher Weise, durch Heirat und Zustimmung des Volkes zu seiner Stellung [19]. Aber er bringt einen neuen Stofs in das friedliche Leben. Schon vorher murren gegen Lubossa die „milites" [20], in seiner Epoche kommt es zur Bildung von Amazonenscharen und zu Kämpfen mit diesen [21], Przemysl selbst wird dux und bändigt das bisher ungezähmte Volk [22]. Nach Przemysls Tod gleitet das Leben wieder in das friedliche Fahrwasser hinein [23]. Die merowingische Welle hat sich verlaufen. Ein neuer kriegerischer Stofs kommt dann vom Westen: die deutschem Einflufs am meisten ausgesetzten Luczanen stürzen sich auf die Böhmen, die sich zunächst absolut defensiv verhalten [24]. Das ist die karolingische Welle, die sich über Böhmen ergiefst.

Die Friedfertigkeit ist nicht blofs ein individueller poeti-

---

vanské právo I, 202. Lippert, Soz.-Gesch. Böhmens I, 293, 296, und allgemein Schrader, R.-L. v. „Abgaben".

15 Vgl. oben Anm. 11.

16 Vgl. Wilda, Strafrecht der Germanen S. 864 ff. H. Brunner, Deutsche Rechtsgeschichte II, 638, 639. Über den Charakter gewisser Diebstahlsbufsen der Lex Salica als Hof-, Gartenfriedensbufsen H. Schreuer, Die Behandlung der Verbrechenskonkurrenz in den Volksrechten (Gierkes Untersuchungen 50. Heft) S. 30.

17 Vgl. oben § 2 S. 20. Cosmas I, 3: De die in diem peius et peius iniuriam, quam nemo prius inferre norat, alter ab altero sibi illatam patientes sufferebat...

18 Vgl. oben § 7.

19 Vgl. oben § 8 Anm. 41a. § 2 Anm. 19.

20 Vgl. oben § 2 Anm. 12 ff.

21 Vgl. oben § 4 Anm. 27 ff.

22 Vgl. oben § 8 Anm. 42 ff. Noch über den Sieg bei Wogastisburg aber sagt Fredegar c. 68: Istamque victoriam quam Winidi contra Francos meruerunt, non tantum Sclavinorum fortitudo obtinuit, quantum dementatio Austrasiorum . . . Vgl. auch das friedfertige Entgegenkommen Samos gegenüber dem grofssprecherischen fränkischen Gesandten Sicharius bei Fredegar, a. a. O.

23 Vgl. oben § 2 Anm. 32. § 8 Anm. 57 ff.

24 Vgl. oben § 2 Anm. 33 ff. und § 8 S. 89.

scher Zug der böhmischen Slaven [24a]. Wir finden die böhmischen Zustände im Grunde in den spärlichen Fragmenten wieder, die uns der sog. Martinus Gallus von der polnischen Sage gerettet hat [25]. Dieser Ausländer kann nicht in den Verdacht kommen, wie etwa Cosmas, er wolle blofs die Anfänge seines Volkes, womöglich mit einer Spitze gegen die Fremden und in Konformität mit dem christlichen Friedensideal idyllisch schildern. Seine Absicht ist es geradezu, Boleslaw dem Tapferen ein Denkmal zu setzen. Aber auch er erzählt zunächst keine Heldentaten, sondern liefert durchaus friedliche Züge für die Urgeschichte Polens. Der gastfreie arator ducis, Piast, der pauperculus rusticus, der durch ein Wunder in den Besitz einer grofsen Menge Wein und Schweinefleisch gelangt ist, und seine Gattin Rzepka laden sofort ihren dux zum Festessen ein, der auch kommt [26]. Die tragische Schuld dieses dux Popel ist seine Weigerung, die fremden Gäste zu bewirten [27]. Er wird dafür von dem Sohne des armen Bauers Piast, Semowit, regno expulsus und von Mäusen gefressen [28], also auch ohne grofse Heldentaten beseitigt und zwar nicht einmal umgebracht. A. Brückner [29] vermutet, dafs irgend ein Fürst Popiel den Sohn eines rataj zu persönlichen Diensten zu sich genommen, und dafs dieser dann dort Karriere gemacht und schliefslich die Dynastie beseitigt habe. Selbst die Personennamen, die Gallus bringt, sind gemütlich-humoristisch, nicht heroisch. A. Brückner [30] erklärt sie folgendermafsen: Popiel = Asche, von der Gesichts- oder Haarfarbe; Chwościsko = deminutivum von chwost, Schweif, von seinem spärlichen, zerrauften Haar; Piast = Stöfsel; Rzepka = Rübe, von der Gestalt oder gar Nase. Sowohl die

---

[24a] Vgl. auch Krek, Einleitung S. 147, 355. B. Dudík, Mährens allgemeine Geschichte I (1860) 358 ff. Die Gegenüberstellung der Slaven des Maurikios, welche die Kriegsgefangenen nach einiger Zeit freiliefsen, und der Eingeborenen Nordamerikas, die sie töten, durch Lippert, Beilage zur „Bohemia", 1890, Nr. 1, erweist doch gerade eine höhere Friedfertigkeit der ersteren. Vgl. auch schon Dobner II, 32.

[25] Mon. Germ. SS. IX, 426.

[26] a. a. O. I, 2: „Pazt .. et uxor eius Repca .. pro posse suo hospitum necessitati ministrare sathagebant .... consilio itaque hospitum (d. i. der von Popel Abgewiesenen) et exhortatione dominus eorum dux et convivae omnes ipsius ab agricola Pazt invitantur, neque rustico suo dux invitatus condescendere dedignatur. Nondum enim ducatus Poloniae erat tantus, neque princeps orbis tanto fastu superbiae tumescebat ...

[27] Gallus I, 1: .. Contigit .. duos .. hospites advenisse, qui non solum ad convivium non invitati, verum etiam a civitatis introitu cum iniuria sunt redacti. Qui statim civium illorum inhumanitatem abhorrentes et in suburbium descendentes, ante domunculam aratoris (Piast) praedicti ducis .. devenerunt. Ille vero bonae compassionis pauperculus hospites illos ad suam domn uculam invitavit. ..

[28] Gallus I, 3.

[29] O Piaście, Rozprawy der Krakauer Akademie der Wissenschaften, 1898, S. 317.

[30] a. a. O. S. 321 f.

alte Dynastie als auch zunächst die neue, aus welcher der Chronist einen Helden verherrlichen will, repräsentiert durchaus keine heroischen Elemente.

Unkriegerische Züge berichtet Gallus auch von den Kleinrussen[31]. Der polnische Boleslaw der Tapfere macht einen Einfall dahin. At Ruthenorum rex (Jaroslaus) simplicitate gentis illius in navicula tunc forte cum hamo piscabatur, cum Bolezlavum adesse regem ex insperato nuntiant. Quod ille vix credere potuit, sed tandem aliis et aliis sibi nuntiantibus certificatus exhorruit. Tunc demum pollicem simul et indicem ori porrigens, hamumque sputo more piscatorum liniens, in ignominiam suae gentis proverbium protulisse fertur: Quia Bolezlawus huic arti non studuit, sed arma militaria baiolare consuevit, idcirco Deus ad manum eius tradere civitatem istam regnumque Ruthenorum et divitias destinavit. Haec dixit, nec plura prosecutus fugam arripuit.

Dasselbe geht aus der Galindensage hervor. Dieses Volk wütet wegen eingetretener Knappheit der Nahrungsmittel gegen Weib und Kind. Zuletzt macht es auf die Weisung einer Seherin hin waffenlos einen räuberischen Ausfall gegen die Christen[32].

Dieser Zug von Friedfertigkeit bei den Slaven unterscheidet sich sehr stark von der ausgesprochenen Kampfes-

---

[31] I, 7: Mon. Germ. SS. IX, 429 f., zum Jahre 1018.

[32] Petrus von Dusburg, Cronica terre Prussie III: Que (die weise Frau) compaciens sexui suo convocatis ad se pocioribus tocius terre ait ad eos: dii vestri volunt, ut omnes sine armis et ferro vel aliquo defensionis adminiculo contra Christianos bellum moveatis. Quo audito statim obediunt et omnes qui ad bellum habiles fuerunt ad viciniorem Christianorum terram laeto animo sunt profecti. Der Zug gelingt. Beutebeladen kehren sie schon zurück, als einer der entflohenen Gefangenen ihre Waffenlosigkeit daheim meldet, worauf sie von den nachrückenden Christen eingeholt und vernichtet werden. Ihr wehrloses Land wird nun verheert. Dazu A. Brückner, Beiträge zur ältesten Geschichte der Slaven und Littauer im Archiv f. slav. Phil. 20 (1899) S. 22 ff., der namentlich auch auf die Stelle des Tacitus, Germania 45 von den Aestiern verweist: Insigne superstitionis formas aprorum gestant: id pro armis omniumque tutela securum deae cultorem etiam inter hostes praestat. Ein entwicklungsgeschichtlicher Grund hierfür liegt wohl in dem Mangel an Metall. Denn Tacitus fährt fort: Rarus ferri, frequens fustium usus. Vgl. noch Müllenhoff, D. A. 2, 29 ff., und Tacitus, Germania 46 über die Finnen. Und diese primitive Ausrüstung findet sich dann wieder in der böhmischen Sage, Cosmas I, 4: is cuius causa in iudicio non obtinuit palmam, plus iusto indignatus terque quaterque caput concussit, et more suo terram ter baculo percussit. . . Dazu einerseits Cosmas I, 3 (Goldenes Zeitalter): nullius gentis (Cod. 3 generis) arma videre, tantummodo sagittas, et has propter feriendas feras habuere; andererseits I, 10 ff. (Neklansage). — Die besondere Friedfertigkeit der Aestier bezeugt Tacitus a. a. O. auch durch die Worte: Frumenta ceterosque fructus patientius quam pro solita Germanorum inertia laborant. — Vgl. ferner Adam v. Bremen IV, 18, Helmold I, 1.

freude der Germanen[33]. Nichtsdestoweniger möchte ich die Vermutung wagen, daſs auch dieser germanischen Kampflust eine indogermanische (natürlich immer relative) Friedfertigkeit vorausgegangen ist[34]. Darauf scheinen mir neben den weitreichenden familienrechtlichen Elementen der altgermanischen Verfassung und den sakralen Friedensverbänden, wie sie uns namentlich noch Tacitus schildert, gewichtige Wandlungen in der germanischen Mythologie hinzudeuten. Der gemeinindogermanische Gott Diaus ist zunächst Gott des Himmels — namentlich der Sonne. Er wird aber bei den Germanen frühzeitig zum Kriegsgott[35]. Noch bei Caesar tritt er als Sonnengott auf[36]. Es ist sehr wahrscheinlich, daſs ein kampfbewegtes Leben des Volkes den Tiu zum Kriegsgott hat auswachsen lassen[37]. Damit ist die Entwicklung nicht abgeschlossen. Tiu

[33] Vgl. Peucker, Das deutsche Kriegswesen II (1860) S. 4 ff. Müllenhoff, a. a. O. Weinhold, Beiträge zu den deutschen Kriegsaltertümern, Berliner S.-B., 1891, S. 555 ff. Die germanische Kriegsfreude ist religiöse Erhebung. In kräftigen Zügen schildert den Gegensatz im Charakter der germanischen, der slavischen und der türkisch-ugrischen Völkerwanderung R. Rösler, Wiener S.-B., 1873, S. 123 f.

[34] Auch Müllenhoff, D. A. 1, 8 setzt vor die Epoche der Heldensage „die Zeit des bloſs natürlichen, unbewuſsten Daseins und Zustandes". Vgl. auch daselbst 1, S. XXVIII. Über „Arier" als „Befreundete" Müllenhoff, D.-A. 3, 164. Schrader, Reallexikon 806. Ein Seitenstück dazu bildet nach R. Much und O. Schrader (R.-L. S. 921 f.) das Wort Veneti zu ahd. wini, ir. fine. Sehr beachtenswert sind hier auch die Ausführungen O. Schraders R.-L. v. „Kupfer", „Steinzeit", daſs „die vorhistorischen Zusammenhänge der Indogermanen in neolithischen Zuständen wurzeln". Da neben den steinernen Waffen und Werkzeugen „das damals wahrscheinlich noch sehr seltene Kupfer in beschränktem Maſse verwendet" wurde (O. Schrader nach M. Much), so legt schon die verhältnismäſsige Unzulänglichkeit dieses Materials die Vermutung nahe, daſs diese Periode im ganzen friedlicher gewesen sein mag als die spätere Zeit mit ihrer Fülle von ungleich tauglicheren Bronze- und gar Eisenwaffen. Über den ethischen Grundzug des deutschen Rechts vgl. namentlich O. Gierke, Über Jugend und Altern des Rechts, Deutsche Rundschau XVIII (1879), S. 226 und Die soziale Aufgabe des Privatrechts, 1889.

[35] Schrader, Sprachvergleichung und Urgeschichte² S. 605. Scherer, Mars Thingsus in den Berliner S.-B., 1884, S. 577 f. Hoffory, Der germanische Himmelsgott, Nachrichten d. Ges. d. Wiss. in Göttingen, 1888, S. 426 ff. Weinhold, Beiträge zu den deutschen Kriegsaltertümern, Berliner S.-B., 1891, S. 555. E. Mogk, Artikel „Mythologie" in Pauls Grundriſs der germanischen Philologie III², 249 ff.

[36] Caesar Bell. Gall. 6, 21: Deorum numero eos solos ducunt, quos cernunt et quorum aperte opibus iuvantur, Solem et Vulcanum et Lunam, reliquos ne fama quidem acceperunt.

[37] Die innere Möglichkeit eines solchen Übergangs ist durch Vermittlung des Blitzes gegeben. Vgl. Weinhold, a. a. O. S. 560 ff. Auſserdem kommt noch die Qualität Tius als jenes Gottes in Betracht, der über dem (im Freien!) versammelten Volke thront; vgl. Scherer, Mars Thingsus a. a. O. S. 577. Beides ist jedenfalls sehr alt, vielleicht schon vorgermanisch. Darauf weist die uralte Sitte des angebrannten Speeres (Weinhold, a. a. O. S. 560 ff.) und die Parallelfunktion des griechischen Zeus (Scherer, a. a. O. S. 577). Eigentümlich germanisch ist

wird durch Wodan-Mercurius verdrängt, zunächst am Rhein, an der Stelle und zu jener Zeit, als die Germanen die wohlgeschulte römische Offensive durch beständige Kämpfe zurückzuwerfen hatten[38]. Wodan ist Tiu gegenüber der überlegene Kriegsgott. — Ganz besonders lehrreich ist der Mythus vom Wanenkrieg[39]. Die Nerthusreligion, der Wanenkultus, ist eine Religion des heiteren Friedens, der Wohlhabenheit. Sie verständigt sich ziemlich friedlich mit der Verehrung des bäurischen, schon kriegerischen Gottes Thor. Nach hartem Kampfe rückt endlich der überlegene Odin ein. Man sieht hier deut-

---

aber die spezifische Ausbildung des Tiu zum Kriegsgott. Da eine ganze Reihe staatlich-kriegerischer Ausdrücke im Germanischen aus dem Keltischen stammt (so die Ausdrücke für Eisen, Kampf, Streitrofs, Ger, König [rigs], Held, Diener [ambaktos] u. s. w.; vgl. Otto Bremer, Ethnographie der germanischen Stämme in Pauls Grundrifs der germ. Philologie III [2] S. 787), so legt sich die Vermutung nahe, dafs die Erweckung der germanischen Kampflust durch Berührungen mit dem grofsen Keltenreich in vorchristlicher Zeit stattgefunden hat. Dazu pafst dann sehr gut die Nachricht Caesars Bell. Gall. 6, 23: Fuit antea tempus cum Germanos Galli virtute superarent. Vgl. Bremer, a. a. O. Der Umschwung hängt wohl mit zusammen mit der Rezeption des Eisens von den Kelten. Über diese vgl. Schrader, Sprachvergleichung[2] S. 308, 452. Die erwähnten Umwälzungen im religiösen und sozialen Leben der Germanen fallen jedenfalls auch mit der germanischen Lautverschiebung und Accentänderung zusammen. Vgl. dazu Müllenhoff III, 196 und 201. Bremer, a. a. O. Wir hätten hier also eine ziemliche, allerdings viele Jahrhunderte ältere Parallele zu den böhmischen Verhältnissen. Zu beachten ist auch noch, dafs die noch intensivere Kriegführung der fränkischen Zeit und des Mittelalters nicht von den Volksheeren, sondern von den Vasallen- und Ritterheeren besorgt wurde. Über die Beschränkungen der Heerpflicht auf eine bestimmte Zeitdauer und innerhalb einer örtlichen Grenze vgl. Grimm, R.-A. 1, 410 ff. Für Böhmen vgl. die Rechtsverwahrung der Böhmen gegen den Zug Wladislaws nach Mailand und die freiwillige Gefolgschaft einer tapferen Schar bei Vincentius zu 1158. Dazu Bachmann, G.-B. 334. Dieser Rechtsstandpunkt wird auch von Wladislaw anerkannt: Qui vero negligit ... mea pace securus propria sedeat in domo.

[38] Müllenhoff, D.-A. 5, 70. Scherer, a. a. O. S. 577. Eugen Mogk, a. a. O. in Pauls Grundrifs der germ. Phil. III [2], 329 ff., namentlich 332 f., verlegt diesen Entwicklungsprozefs in die Zeit zwischen Caesar und Tacitus. Das pafst aber wieder ganz vortrefflich zu einer Reihe von sozialen Umwälzungen bei den Germanen. In dieser Zeit treten namentlich die principes gegenüber dem Volke stark zurück. Sie weisen nicht mehr von Jahr zu Jahr den gentes und cognationes das Ackerland an, sie werden zu blofsen Gerichtshaltern. Dieses Zurücktreten der principes vor dem sich nun kräftig entwickelnden Volk dürfte sich als Ausläufer jener Bewegung darstellen, die auch die Geschlechtsältesten und sonstige Gruppenvorstände beseitigt hat. Durch die „Waffenreichung" ist das germanische Volk eben mündig geworden. Aber die Geschlechtsältesten u. s. w. haben auch an dem grofsen Aufschwung teilgenommen. Aus den tüchtigsten von ihnen entwickelten sich die principes und reges.

[39] Vgl. Weinhold, Über den Mythus vom Wanenkrieg, Berliner S.-B., 1890, S. 618 ff. Vgl. auch noch oben § 7 Anm. 20a.

lich, wie sich immer kriegerischere Schichten übereinander legen.

Diese Auffassung stimmt auch mit dem von Grofse[40] gewonnenen Resultat überein, wonach die Hirtenvölker im allgemeinen keineswegs so kriegerisch sind, wie man oft annimmt.

Der Gegensatz zwischen dem friedlicheren Grundzug der böhmischen Slaven und dem kriegerischen Charakter der Germanen ist auch schon von Palacký[41] erkannt worden. Leider hat sich dieser hervorragende Geist zu einer gehässigen Verzerrung hinreifsen lassen. Er fafst die slavischen Friedensorganisationen durchaus sentimental auf und schildert demgegenüber die Deutschen im Wesen als ein rohes Räubervolk[42]. Er steht also eigentlich auf dem Standpunkt seines Vorgängers Cosmas[43]. Auch das ist bezeichnend. Der kriegerisch und rechtlich veranlagte germanische Geist wird leicht dem friedlich und listig angelegten Slaven abstofsend erscheinen. Einen höheren Standpunkt, befreit von aller Gehässigkeit, hat der grofse Völkerkenner Fürst Bismarck erklommen. Von diesem Standpunkt aus bezeichnete er die germanischen Nationen als eine männliche, die slavischen als eine weibliche Rasse. Zum Verständnis des Gegensatzes aber trägt vielleicht die geschichtliche Erkenntnis bei, dafs die slavische Eigenart bei ihrer Entwicklung aus der gemeinsamen indogermanischen, viel weniger mit der grofsen weltgeschichtlichen Kultur zu ringen hatte als die germanische. Übrigens mufs es als arge Täuschung hingestellt werden, dafs ein friedlicher Gesamt-

---

[40] Grofse, Die Formen der Familie S. 97.

[41] Palacký, Die Unterschiede in der Geschichte der Deutschen und der Slaven (in Geschichte des Hussitentums und Professor Constantin Höfler, Prag 1868) S. 74 ff. Dějiny I 1, S. 11 ff., 77., 175 ff., 217 ff.

[42] Vgl. z. B. Palacký, Die Unterschiede a. a. O.: „Die alten Römer, die Deutschen, die Hunnen und Avaren, die Mongolen und Tataren, die Türken und Magyaren" sind „erobernde, ursprünglich Räubervölker". „Was ist die Eroberung anderes als ein im grofsen Mafsstab durchgeführter Raub?" Völker, denen die Weltgeschichte eine führende Rolle zugedacht hat, müssen sich freilich eine gesündere Moral zurechtlegen. Übrigens kann Palacký mit seinen eigenen Waffen geschlagen werden durch den Hinweis auf die Unmasse von Kultur, welche die Deutschen seit jeher über Böhmen ausgeschüttet haben. Ebenso unhistorisch sind die gehässigen Verkleinerungen des Kaisertums, speziell auch Karls des Grofsen bei Kalousek, České státní právo, 1892, S. 5 f. oder Tomek, Děje Království Českého, 1891, S. 16. Gegenüber diesen sonderbaren von „Historikern" (!) vertretenen „Anschauungen" vgl. die kurze Charakteristik bei Rösler, Wiener S.-B., 1873, S. 123 f.

[43] Doch hat selbst Cosmas, gegen den Palacký, Dějiny I 1, 219 polemisiert, einen unbefangeneren historischen Blick bewahrt. Vgl. auch Cosmas I, 33: Karolus rex sapientissimus et manu potentissimus, haud aequiparandus nobis hominibus valde humilibus.

zuschnitt schon an sich besonders ideal wäre, einmal wegen der schon erwähnten Labilität[44] des Friedens und sodann wegen des ungehinderten Emporkommens von Potenzen, die einer gesunden Kulturentwicklung sehr gefährlich sind. Ich meine namentlich die Plutokratie, die ja bei den böhmischen Slaven eine unverkennbare Rolle gespielt hat.

[44] Sie erklärt auch jene Nachrichten, die von der ungeregelten Kriegslust und zügellosen Plünderungen der Slaven sprechen. Vgl. z. B. Bachmann, Geschichte Böhmens S. 82. Abraham Jacobsen c. 6, 10 (Wattenbach 141, 143 f.).

Nachträge.

Zu S. 5. Auch Moriz Heyne, Das deutsche Nahrungswesen, Leipzig, 1901, S. 2 f., fundiert seine Darstellung auf Kraufs, Sitte und Brauch der Südslaven.

Zu S. 21. Auf dem Standpunkt des non liquet steht auch K. L. v. Woltmann, Inbegriff der Geschichte Böhmens. Prag, 1815. Bd. I S. 10: „Es läfst sich nicht ausmitteln, inwiefern man Samo nur als allgemeinen Heerführer slavischer Stämme in Böhmen und den angrenzenden Ländern oder als einen eigentlichen Fürsten über die Czechen betrachten dürfe, und ebensowenig, ob früher oder später als er, oder gleichzeitig mit ihm und in welchem Verhältnisse zu ihm die mythischen nationalen Gestalten der böhmischen Geschichte standen, der Richter Krok und Libuscha." S. 11 sagt er, Krok, Libuscha und Przemysl seien „Erscheinungen, deren Macht und Wirkung nicht die Möglichkeit ausschliefsen, dafs sie in Böhmen blühten, indem Samo die gesamten Streitkräfte nicht nur der Czechen umfafste." Es geht ihm also alles durcheinander.

Zu S. 28. Moriz Heyne, Das deutsche Wohnungswesen, Leipzig (1899) S. 2 postuliert nach germanischem Muster auch für die Slaven Aufteilung des Landes in gleichmäfsige Teilstücke nach einer bestimmten Los- und Reihenfolge. Eine solche Analogie ist aber nicht beweiskräftig. Die Slaven stehen in der wirtschaftlichen Entwicklung hinter den Germanen. Auch die Vergleichung von land mit aslav. ladinu, czechisch lad, polnisch ład hat mich nicht überzeugt. Vielleicht ist es erlaubt, auch auf die Entwicklung des Eigentums aus der gemeinen Mark durch Rodungen hinzuweisen. Auch hier erfolgt die genossenschaftliche Regulierung und Beschränkung erst, wenn der Raum zu eng geworden ist.

Zu S. 32 Anm. 45. Vgl. auch Josef Šusta, Otroctví a velkostatek v Čechách, Č. Č. H. V (1899) S. 95. Eine andere Auffassung des mir vertritt im Anschlusse an Jasinski (Untersuchungen zur Sozial- und Wirtschaftsgeschichte Böhmens im Mittelalter I, Dorpat 1901 [russisch]) Jos. Pekař, K českým dějinám agrárním v středověku Č. Č. H. VII (1901) S. 358 f., wie mir scheint auf Grund einer unrichtigen Interpretation der citierten Urkunde, nach welcher doch wohl der liber vor seinem Übertritt den Tribut gezahlt hat.

Zu S. 46 Anm. 50. Die Erzählung findet sich bei Legis Glückselig, Geschichten und Altertümer der böhmischen Burg und Felsenstadt Wischehrad. Prag und Leitmeritz, 1853. S. 19.

Zu S. 62 Anm. 1. Darüber, „dafs die zadruga vielleicht alles andere, nur keine »Familien- und Wirtschaftsform der Urzeit« vorstellt", vgl. auch A. Brückners Anzeige von Schrader, Reallexikon im Archiv für slavische Philologie Bd. 23 (1901) S. 627.

Zu S. 70 f. Dafs das Volk bei den Slaven und Germanen von vornherein „wehrhaft gegliedert" gewesen wäre, wie M. Heyne a. a. O. Bd. I S. 3 will, scheint mir nicht begründet. Bei den Germanen spielt allerdings das militärische Element sehr bald, und immer mehr eine dominierende Rolle. Interessant ist hier auch die friesische Konstruktion der Deichgenossenschaften; vgl. Julius Gierke, Die Geschichte des deutschen Deichrechts I (O. Gierkes Untersuchungen, Heft 63) S. 93. Die Friesen vergleichen die Erhaltung der Deiche mit den Fehden gegen die Normannen; Spaten und Gabel sind ihnen die Waffen gegen die salzige See, Spaten und Forke gehören zum Heergewede und der Deich selbst erscheint als Festung gegen einen Feind, als Seeburg.

Zu S. 103. Auch die Umfahrt des merowingischen Königs mit ochsenbespanntem Wagen ist agrarischer, nicht militärischer Natur. —

Pierer'sche Hofbuchdruckerei Stephan Geibel & Co. in Altenburg.

FSC
www.fsc.org
MIX
Papier | Fördert
gute Waldnutzung
FSC® C083411

Kolibri 360 GmbH
Ferdinand-Jühlke-Straße 7
99095 Erfurt, Deutschland
produktsicherheit@kolibri360.de

Druck:
CPI Druckdienstleistungen GmbH
im Auftrag der
Kolibri 360 GmbH
Ferdinand-Jühlke-Str. 7
99095 Erfurt